U0146378

# 忽必烈的挑戰

## 蒙古與世界史的大轉向

クビライの挑戦

モンゴルによる世界史の大転回

杉山正明著

周俊宇 譯

廣場出版

AGORA

OF BOOK REPUBLIC

# 目錄

## 第一部　追尋世界史的新面貌

**第二部　世界史的大轉向**

## 第三部　忽必烈的軍事與通商帝國

# 第一部　追尋世界史的新面貌

# 1　蒙古及其時代

## 蒙古的出現

西元十三世紀初，在日後被稱作蒙古高原的大草原東北隅，有一支小小的遊牧集團正急速地壯大勢力。他們的首領名叫鐵木真。他所領導的名為「蒙古」的集團，一舉整合了割據戈壁以北的突厥・蒙古系大大小小各個遊牧集團，其間只花了三年。其後，在鐵木真子孫於伊朗一帶所樹立的蒙古政權之一，屬於遊牧民聯合體的「旭烈兀・汗國」（Hülegü ulus／譯注：ulus為蒙古語，原意為部眾，日後轉有國家之意。漢字多以意譯作「汗國」，亦可以音譯寫作「兀魯思」。），俗稱「伊兒汗國」（Il-khanate）的這個國家裡頭，帝國歷史是以波斯文來書寫的，當時的宰相兼歷史家拉施特・哀丁（Rashid-al-Din）在擔任編纂長官時，就曾以「得天時」來形容鐵木真的稱霸。

一二〇六年春，鐵木真在鄂嫩河（Onon γ oul）上游美麗又遼闊的草原上舉行即位儀式，自稱成吉思汗（Činggis Qayan）。接著，他又以蒙古語「大・蒙古・兀魯思」（Yeke Mong ol Ulus）即「大蒙古國」，來為這個新的遊牧國家命名。

這位新興國家的領導者，針對周邊區域陸續規畫了遠征。那也是聚集到成吉思汗旗下牧民們的期望。他們自知只要能夠集結自身的力量，在政治、軍事上就能形成強大的勢力。再者，遠征的成功，也等於是保證了豐富的物資及財富。

並且，成吉思汗也非常清楚，若是不立即規畫一場舉國一致的對外征服，這個遊牧民聯合體很快就會瓦解。那是因為以中國北部金朝為主的周邊諸國，最是擔憂看到蒙古高原上牧民們的統一，所以長期採取令遊牧民集團彼此敵對的政策所致。若僅止於滿足高原的統一而沒有進一步的行動，將促使離反或內應的臥底者很快就會出現。對外戰爭正是令各路牧民團結一致最快速的方法。

如此，成吉思汗所率領的遊牧民們，走上了對外征伐的旅程。他們的旅程，跨越世代一直持續了數十年。這個原本只不過是各色人等聚集的政治軍事集團，透過了這樣的軍旅與擴張，使得彼此之間形成了強烈的一體感，開始出現一種共同自我認知為「蒙古」的觀念。

## 眼目所及的歐亞世界

他們以成吉思汗及其血胤為共主，在極為短暫的歲月裡，就掃盪歐亞大陸急速擴張。然後，在十三世紀末，實現了人類史上最大的版圖。蒙古在大約一個半世紀的時間內，一直處在世

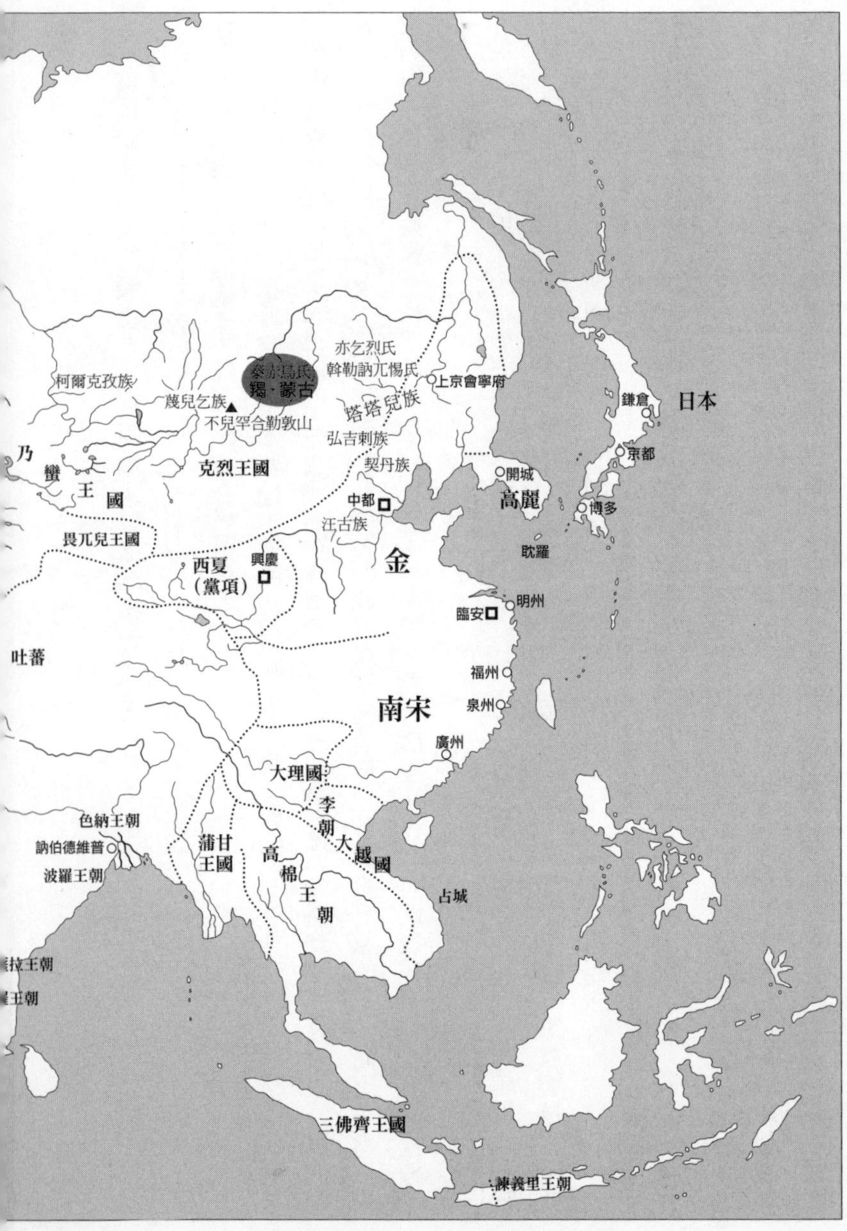
泰赤烏氏
蒙古
亦乞烈氏
斡勒訥兀惕氏
上京會寧府
塔塔兒族
柯爾克孜族
蔑兒乞族
不兒罕合勒敦山
弘吉剌族
契丹族
乃蠻王國
克烈王國
中都
汪古族
畏兀兒王國
西夏（黨項）
興慶
金
開城
高麗
耽羅
日本
鎌倉
京都
博多
明州
臨安
吐蕃
福州
南宋
泉州
廣州
大理國
李朝大越國
色納王朝
訥伯德維普
波羅王朝
蒲甘王國
高棉王朝
占城
三佛齊王國
諫義里王朝

成吉思汗以前的歐亞(12世紀) 原圖《蒙古時代史研究》

界與時代的中心，為歐亞歷史走向奠定轉變方向之後，就與長期下來的天變地異同時頹傾，急速退出世界史的舞臺。

此間，歐亞的東西以及南北，在蒙古的支配下彼此產生聯繫，他們不得不受到來自蒙古的強烈影響。因此，從十三世紀初到十四世紀後半的時代，正是「蒙古的時代」。

這樣的狀況，就目前所知，是人類歷史開始以來首次發生的事態。世界在西歐列強影響下以地球規模合而為一，實際上是十九世紀後半以後的事。但是，早在六個世紀以前，雖然還不是地球規模的世界觀，但「歐亞世界」就已作為一個「世界」被連結起來。如西歐人或西洋史家所思考的，就算將西歐進軍「世界」回溯到自哥倫布開始的「大航海時代」，蒙古的征服也比它早了兩個世紀。

「蒙古時代」之前，中國、印度、中東、地中海區域等幾個「文明圈」，雖然彼此之間多少有些聯繫，但隨著蒙古的出現，可以說已經不能再對其他「世界」或「文明」維持過去那種全然無知的曖昧狀況了。在此，「世界史」終於第一次具有了名實相符的整體面貌。

## 世人對蒙古時代的印象

至今為止，有關蒙古及其支配的所有歷史，都遭受種種的非難與惡罵。暴力、破壞、殺戮、壓制、搾取、強奪、強制、無知、蒙昧、粗野、野蠻、粗暴、狠辣、奸佞、邪惡、無恥、放縱、不寬容與非文明等等。其中許多中傷都有著明顯的意圖。

關於蒙古，一般都是惡評。尤其將蒙古視作「文明破壞者」的想法，自古就反覆不斷。例如，當人們討論伊朗乃至於伊斯蘭等中東地區的落後時，往往都將原因歸咎於「蒙古的破壞」。此外，有關俄羅斯也是一樣，從帝俄時代到蘇聯時代，甚至是最近，都喜歡用「韃靼的桎梏」這個用語來形容蒙古的支配對俄羅斯而言是多麼地殘酷與苦澀。

特別是在蘇聯時代的俄羅斯，「韃靼的桎梏」此一形容，就收錄在小學教科書中。這種觀念跨越世代，作為一個不能被遺忘的「民族」記憶來理解，持續宣傳。

俄羅斯人對突厥系或蒙古系人的某種獨特情緒，現在看起來也很根深蒂固。這種憎惡與蔑視交織而成的情緒，當然也會在對象一方引來獨特的情緒，然後沉澱、堆積在心底深處。這成為受種種因素影響牽動的俄羅斯及其周邊情勢之中，不能忽視的一個直接因素。

但是一般而言，將蒙古當作壞蛋形象來處理最為普及深入的是中國史。尤其在日本，從高中的世界史教科書，甚至是大學入學考試用的參考書中都充滿這些觀點。

其相關內容如下——蒙古時代的中國，身為支配者的蒙古蒙昧無知，不能理解高度的中國文化。因此，一直以來支持中國文化的傳統文人與知識份子就陷入懷才不遇的處境。對於曾被稱作「士大夫」或「讀書人」的他們而言，參加高等文官選拔測驗即「科舉」及格，參與王朝政治才是人生目標，也是希望。但是，在蒙古統治下長期以來未舉辦科舉，他們通往高級官僚的路被阻擋了。科舉到了元代中期終於再度開辦，但也不過是極微小的規模。

並且，一般認為蒙古治下的中國，因人種或地區來定義的四種階級身分制度很嚴重。最高等者當然是身為支配者的蒙古。第二等是被稱作「色目人」的異邦人，包含了以畏兀兒為主，以及被稱為黨項（Tangut）的西夏族、自中亞來的康里（Kangly）和阿爾根人（Arghun）、歐亞西北草原的克普恰克人（Qipchaq）、高加索山地（Caucasus）北麓的阿蘇特人（Asud，即現奧賽提亞人／Ossetic），還有中亞、西亞的穆斯林，遠至歐洲人。第三等是總稱為「漢人」者，所指的是過去相當於金朝領域的中國北方居民，在所謂的漢族之外，尚包括遼朝契丹帝國後裔的契丹族及金朝支配階級的女真族。接著第四等是過去為南宋國居民的中國南方人，稱作「南人」。

至於人數，愈到下層就愈多。作為少數支配者的蒙古人，巧妙地利用人種或語言，生活習慣或文化傳統等差異，將自身的支配引導到有利方向上。其中最悲慘的是「南人」。他們被定位在社會的最低層，必須受到歧視及虐待。尤其最可憐的，就是儒者。在傳統中國王朝必受重視的儒者們，現在被認為只會耍嘴皮子又不中用，甚至有「九儒十丐」這句話流傳，意思就是如果將社會畫分為十個階層，儒者是排名第九，只比乞丐好一些。而排名在儒者上頭的第八名，則是賣春婦。

因此，失去宦途，被阻斷了出仕之路的士大夫，只好將所壓抑的不滿及能量，宣泄到過去不曾顧盼的庶民文化領域上。其中最有名的就是名為「元曲」，一種融入口語體曲樂的舞臺戲劇肯定，其他也有許多各式各樣的庶民文化普及。這原本應該作為蒙古統治下之中國光明的一面來給予評價，但卻被形容作「總之是因為處在壓抑環境下才出現的事態，是一種抑鬱日久能量流洩出來的產物」。但，即便以常識來思考，也會覺得這是歪曲無理而奇怪的邏輯。

以一句話來說，蒙古對中國來說只是一個災難，一直以來的「常識」都這麼認為。其大致上皆以科舉的停止、四階級制的確立、負面能量流露所造成的庶民文化興盛的這三點慣用說法來解釋。

蒙古對中國及其民眾而言，就象徵著混亂、壓抑和搾取。在南宋時代完成舉世矚目發展，達到世界最高社會、經濟、文化、技術水準的中國，在此嘗到了可以說是致命傷的絕大重創和挫折……。

這樣的一種印象，其實在中國史專門研究者裡頭也相當普遍。但是，在我們要討論的十三世紀當時的中國南方杭州，卻正是因蒙古才成為歐亞世界中頂尖的巨大百萬城市的。有關此一實例，以下想再稍作詳細說明。

# 2 蒙古是中國文明的破壞者嗎？

## 耐人尋味的解讀

法國向以悠久傳統的「支那學」著稱。作為現代法國漢學代表的碩學謝和耐（Jacques Gernet），在描寫落入蒙古軍手中前夕南宋首都杭州繁榮景況的《蒙古入侵前夕的中國日常生活》（Daily Life in China on the Eve of the Mongol Invasion, 1250-1276）著作序文中，作如下敘述：

「一二七六年，是杭州被蒙古族攻略，中國全境在歷史上首次為蠻族所占領的一年。這是一個對所有文化都採取叛逆的立場，只固執於「為戰鬥而生」民族傳統的蠻族，這群已完成令西方世界驚嘆之大型征服事業的遊牧民，又將中國全境徹底征服，這給中國精神帶來了幻滅。蒙古族的占領給當時世界上最富裕、最先進的文明之國中國加諸了深刻的打擊。正因為蒙古族征服前夕的中國文明，在許多方面都是最輝煌的，所以這個歷史事件更可以說是給中國歷史造成了重大挫折。」

這裡鮮明地反映出將中國與西方世界作為文明國度，將蒙古等遊牧民定位作蠻族的荒唐意識。

不過，是否真如謝和耐所言，蒙古的「征服」給中國帶來了深刻打擊呢？我們是否真的可以將蒙古視作一個逆所有文化而行，只為戰爭而生的「蠻族」呢？並且，謝和耐書名中的杭州是否真的被蒙古奪去了史上罕見的高度繁榮呢？

謝和耐這本出版於一九五九年的著作，以在中國史甚至世界史上皆是一座高度精煉的文化城市——杭州為題材，將當時彼方中國民眾日常生活的細微之處精采且栩栩如生地再現了。此書目前已有英文及中文的翻譯版本，享有極高的名著聲譽，現在也發揮著極大的影響力。日本也由栗本一男翻譯於一九九〇年改題為《中国近世の百万都市——モンゴル襲来前夜の杭州》來出版。方才的引文即是栗本一男的譯文。

然而，只要遍讀該書，就會留意到幾個奇特之處。那就是在談論南宋時代繁榮杭州的史料方面，除了中國文獻外，還使用了馬可・孛羅（Marco Polo）、鄂多立克（Odorico）及伊本・巴圖塔（Ibn Battuta）等人的遊記。

特別是馬可・孛羅的敘述，由於其直率有價值，總是被當作最後王牌般地使用。例如在「都市生活的愉悅」一節中，首先就引用了馬可・孛羅如下的一段話：「行在（即「杭州」）是世界上無與倫比，最頂級的城市。這裡可以享受到各種樂趣，甚至令人幻想自己身處天堂。」

這樣的引文處處可見。每次讀到這種文章脈絡，都很難不讓人感到某種無法言喻的奇異之感。誰都知道，馬可．孛羅所來到的是蒙古統治下的東方。他所目睹並留下印象的杭州，也是蒙古統治下的杭州，不可能會是南宋時代的杭州。

有關這點，謝和耐在序文最後作了附帶說明：馬可．孛羅於杭州落入蒙古手中的一二七六年到一二九二年為止都生活在當地，「當時的市街與南宋時代沒有太大的改變」。所以他的意思是說，將馬可．孛羅的記敘讀作是南宋時代杭州的見聞亦無妨。

筆者對於此位名喚馬可．孛羅並聞名於世的旅行者，抱有根本性的疑問。他是否是一位確實存在於世界上的人物呢？

這個疑問是來自現無確證指出馬可．孛羅這號在威尼斯檔案館遺留下文件的人物，是否與我們通稱《東方見聞錄》這一系列遊記抄本的主人公是同一人物。原本，能否將所謂的《東方見聞錄》視作一部書，也是疑問。雖然是有一系列的抄本，但這些抄本的內容與時期都各自紛呈不一，要設想最早的「祖本」都很困難。

在此，故且將之擱下不談，若以其遊記《馬可．孛羅遊記》（Il Milione，亦可譯作《百萬之書》）為據，他的確是在一二七六年來到東方的。正是杭州在蒙古軍前無血開城的那一年。

只是，他並非馬上就來到杭州。有一段期間，他是跟隨大汗忽必烈，待在夏季的首都上都與冬季的首都大都（現在北京的前身）。「馬可．孛羅於逗留中國期間，一直待在杭州」的這種說法純然是一誤解。

問題在於一般認為馬可・孛羅停留在東方的一二七六年到九二年為止的這段期間，杭州市街與南宋時代「沒有太大變化」的這一點上。

若是單純來想，蒙古統治下的杭州必須一直和極盡繁華極致的南宋時代「沒有太大變化」才行。也就是說，這種形容會導出蒙古幾乎沒有造成打擊的結論。如果說杭州因蒙古而失去了繁榮，那麼要引用馬可・孛羅的敘述來討論南宋時代的繁華，很明顯地就是自我矛盾。更何況，要引用較馬可・孛羅更晚的伊本・巴圖塔在蒙古軍進駐杭州已經半世紀以後的記敘就更不可能了。

即使在蒙古到來以後，杭州也一如往昔地持續著繁榮。這是極為簡單的事實。愈是要引用馬可・孛羅等蒙古時代文獻來談杭州的繁榮，就愈是反證所謂「蒙古的打擊」這個一般想法只不過是一種虛構。

其實，就算不使用馬可・孛羅等異邦人的記錄，所有一切同時代的漢文典籍史料，都顯示杭州自從南宋時代起終元代一朝始終是罕見的繁榮巨型城市。即便就前所引用的激烈語氣來責難蒙古，指稱他們給中國文明帶來深刻打擊而悲憤慷慨，都無法自歷史事實來加以證明。

這樣的誤解其實不限於謝和耐。在日本或中國以及歐美研究者的著述中，也時常可見。吾人不如說那才是一般的見解。

謝和耐只不過是直率地表明了不問東洋西洋，從研究者到一般人士都往往會有的「深信不疑」傾向。撇開上述不談，謝和耐的著作，在活生生地描寫了橫跨南宋及蒙古時代的「中國近世」巨型城市杭州繁榮的這一點上，的確是一部非常傑出的著作，這是無庸置疑的。問題在於這個「深信不疑」。從事歷史研究之際，沒有比這個還要麻煩的了。而且更惱人的是，結論一旦形成，就頗難加以訂正。

在如此這般之下形成的學說與結論，總是會擅自地開始獨走橫行，許許多多人們都會聽從於此。但是，那只會造成莫大的結構性誤解，成為「定論」或「通說」，佔據著人們的思考。這麼一來，在許多人腦海的認知裡，當然就會存在著「蒙古血腥大征服」的印象。

## 杭州入城的實際情況

西元一二七六年初，曾為南宋國首都的杭州，在伯顏（Bayan）所率的蒙古軍隊前無血開城。作為滅亡一方的南宋，當時年號為德祐二年，用攻克一方的蒙古忽必烈政權的年號來說則是至元十三年。

和一般的印象不同，蒙古軍隊實際上完全沒有掠奪杭州市街。少數的流血，是南宋士兵造成的。在杭州城內外，有總計達四十萬的軍團駐守，面對南宋政府決定無條件投降的方針，南宋方面一部分擔心日後生活不得保障的首都部隊引發暴動。他們對於蒙古軍進駐一事既軟弱又無能，對南宋政府卻轉為強勢態度。暴動的主力是下級軍人。軍隊幹部和乾乾脆脆地就贊成投降的高層官僚們一樣，熱中於自身性命的保全。「征服者」蒙古兵臨城下之際，想盡辦法要在和平中開城的一方，以及對此主張抱持不滿者產生了衝突。也就是內鬨。

反叛軍的一方遭到鎮壓，另一方推戴被稱為少帝及恭宗的南宋幼主趙㬎兄弟兩位幼童逃出杭州，企圖前往南方東山再起。在這場混亂當中，南宋士兵中有某些份子擅自闖入杭州市內的民宅，放肆地進行強盜、掠奪及強暴。

立場上屬於征服者的蒙古軍隊，誠然是紀律整然地入城的。蒙古軍為了維持治安，令杭州市內家家戶戶在門前貼上家族全部成員的姓名，並禁止夜間外出。

有一部分中國史研究者認為那是一種刻意的干擾。但是，蒙古軍隊若不慎重地守護秩序管理杭州內外，局勢究竟會是如何？那是很容易想像的。自南宋國成立後一百五十年，若追溯自北宋建國起算的話則是三百年以上的政權與國家消失毀滅了。相對於此，卻幾乎甚麼暴動都沒有發生，我們或許該說這才真的是令人吃驚。

當時蒙古軍隊的行動可以說是漂亮地控制住了局勢，這在歷史上幾個類似事例中也是相當突出的。這是因為有大汗忽必烈的嚴格指示。雖說如此，從此事也可窺知蒙古進駐軍以伯顏為首的將官們帶兵能力非比尋常。

這樣一個無血開城，在中國史上是非常特殊的案例。一般來說，中國史上若是被某個王朝或政權以武力來消滅的情況，一定會演變成非常悽慘的事態。我們雖然很容易將前近代的中國史錯以為是以士大夫或讀書人為中心的柔性優位世界，但試與日本列島或朝鮮半島的歷史比較即可知，中國史才是一個治亂興亡中激烈與剛性力量至上，甚至達於異常的世界。

與此點相關，謝和耐在前引書中指出：「與一般所相信的相反地，中國歷史在人類歷史中是其他國家或區域無可比擬的衝擊性事件之連續，是最沾染血腥的歷史。」這是難以否定的。與此不同地，一二七六年蒙古進駐杭州，與其說是「征服」，不如說是比較近似於「接收」的這種柔軟印象。並且，在其前後，於蒙古治下極為和平地收服的南宋舊領江南（中國本土長江以南之地）全境，也可以說大致是一樣的。

但是，這樣一來千篇一律的「歷史」就不成立了。因為蒙古是「蠻族」，所以不破壞「文明」的話就於理不合。遊牧民從一開始就被視作壞蛋。

或許讀者們無法相信，但一二七六年蒙古軍來臨之後，杭州究竟怎麼改變？甚麼變了，又有甚麼沒有變？確實的情況幾乎不清楚。首都杭州既是如此，那麼江南各地，應該也是可以推知的。

有關蒙古治下的杭州與中國南方，就目前而言，可以說除去幾項特殊的主題及事項外，專門研究者從事的確切的實證研究極少。這是今後務必要持續追求的課題之一。

然而，明明沒有根據，卻只有蒙古的打擊這種說法被大聲宣揚。這就是「預下結論」、「深信不疑」等心理在作祟。

# 沒有「政治」的繁榮

那麼，杭州有甚麼改變呢？由於蒙古的接收，南宋宮廷及中央政府自杭州的市街消失了。杭州不再是首都了。這是誰都不得不承認，無需質疑的事實。

從秦漢帝國開始到近代，中國都只有首都是巨大絕倫的。歷代中華王朝，在人們極端集中於作為中央的首都及中央機構的一點上，具有與世界其他區域相當不同的特殊政治制度傳統。與其他城市相比，只有首都大得極不自然。

如果是支配廣大區域的王朝或政權，首都就會有數千人的「正式中央官僚」和作為其接班梯隊的「太學」學生，外加最少達三十萬到四十萬的首都軍團駐屯。

所謂的正式官僚，是指正一品到從九品的位階，意即具有排名的「流內官」。其下還有不具位階，負責種種實際事務數量龐大的吏人們。這些人一般被稱作「胥吏」。其確實數量雖不清楚，但應該達「流內官」的三、四倍。

光看官僚、太學生和吏人，再怎麼低估都會有數以二、三萬人起跳的人數。加上還有首都軍團，再考量到各自的家族，數量就會更驚人。（只是，吏人或一般士兵是否全數有餘裕娶妻成家、養育孩子，則是另當別論。據說傳統中華王朝中，軍人們特別會遭受蔑視以及惡劣待遇，因此終生單身者也相當多。）

此外，最重要的是，首都中還有天子及皇族。然後，還有後宮佳麗及宦官等等，奉仕於貴族的各種宮廷雇佣。其數量也不容忽視。

光是合計以上的人群集團，人口就超過了五十萬。那些人們單單因為首都這樣的理由而存在。而且與這些人的食衣住相關的人群集團也必須考慮在內。想想這些必然的附帶人口，其數量就肯定變得龐大。

不管在哪一個時代，中華帝國的首都都必定是達一百萬左右的巨型城市，這在前近代世界中與其他地區王權相較是相當不同的宿命。此一情況，儘管是在只據有「半壁天下」，即天下近半疆域的南宋國也沒有太大差異。

在蒙古完成接收後，王室、宮廷、中央政府從杭州消失了。首都失去了聚集人群與物資的源頭。

當然，要是所有的官僚與吏員全部失去工作，那麼想必他們的家人與隨從也只能流落街頭。因此，蒙古將主要著眼點放在沿用南宋國原有機能，極盡可能地避免人心動搖或人口流亡，藉由規畫的安定化政策，讓大多數的舊南宋官吏官復原職，能夠再度就職於各種軍事、行政、經濟、宗教等部門。

另一方面，駐屯於首都內外的士兵之中往南方逃亡者，幾乎都順勢向蒙古投降。可以想見，若是將這些靠薪餉過活的人們在無業情況下擱置不管，勢必成為社會不安的因素。因此，在考量士兵優劣與本人期望的前提下，將他們派往亞洲各地的戰線上。在遠征日本，第二次的「弘安之役」中，從中國南方乘船出發人數據稱達到十萬的大軍團，大部分都是由這些人所組成。

軍人們在蒙古到來後急速消失，取而代之的是作為新的駐屯軍被派到杭州來的蒙古士兵，其數量達一、二萬。

如果單就以上條件來考量，杭州人口的確是減少了沒錯。

總而言之，由於純粹消費的人口有相當數量在一時之間消失，經濟活動照理來講是會衰退的。

實際上，在距離當時九十二年後的一三六八年，在蒙古捨棄中國本土退回北方，明軍取而代之進駐的大都，也就是現在的北京，也正是如此。曾為蒙古首都的大都市街，被改名為北平，再加上明軍的掠奪、破壞與放火，轉瞬間就變得冷清寂寥。其後，一直到永樂帝遷都至此改稱北京進行重建其間的五十多年，除了永樂帝奪取政權前的住處「燕王府」等一部分，其餘皆是燃燒剩餘的巨型遺跡暴露出烏黑淒慘面貌，盡述滄桑。

然而，蒙古治下的杭州卻持續了繁榮。在世界帝國蒙古的背景下，超出中國框架遠自世界各地而來的人群、事物、文化聚集所帶來的空前繁榮，遠勝過南宋。這實在是令人吃驚。那究竟是如何成為可能的呢？

所有一切的關鍵恐怕就在於——蒙古時代的杭州，就算沒有南宋宮廷、中央政府，也別無障礙地迎向了另一種繁榮。這才是馬可・孛羅和伊本・巴圖塔所要傳達的，元代杭州滿是自由與開闊的面貌。

用一句話來形容，就是除卻政治的經濟繁榮。在政治直接因素較淡的條件之下，仍存在著百萬單位的巨型城市。——這在中國史上固然不消說，恐怕在世界史上也是空前的。而將之化為可能的蒙古時代，到底是個甚麼樣的時代呢？

# 3　中亞、伊朗被破壞了嗎？

## 成吉思汗的西征與「破壞」

有關一直以來被視作「常識」和「定論」的蒙古評價，在此想以區域為別再度進行確認。回溯到原典史料來看，將會留意到明明沒有確切的證據，卻被惡意地扭曲，形成「定論」的幾個論述。

首先，成吉思汗自一二一九年到一二二五年為止，前後為時大約七年的中亞遠征究竟是如何呢？

將花剌子模王國沙王朝（Khwārazm Shāh）逼上崩壞之路的這趟遠征，蒙古軍隊在錫爾河（Syr）與阿姆河（Amu）間的肥沃綠洲地帶的「中亞河中地區」（阿拉伯語，有「河川對岸之地」之意。）等地，一直到伊朗本土為止，大量地殺戮廣大區域的居民，將繁榮的各座綠洲城市悉數破壞的故事，自古以來就很有名。將蒙古視作破壞者的印象，可以說大抵上是追溯到這趟遠征。

但是，冷靜來看，此時蒙古的軍事活動，大致上侷限在伊朗東部的呼羅珊（Khorasan），伊朗本土的大半部分並未遭到蒙古進攻。

本來，在幾乎全是極端乾燥區域的伊朗高原上，點狀穿鑿著被稱作「坎兒井」的豎穴，底下有自波斯古代阿契美尼德王朝（Achaemenid Empire）以來就很發達的橫穴式貫穿地下水路獨特水道、灌溉設備。坎兒井的開鑿並不容易，再加上又得留意橫穴式的地下水路是否因土砂的崩落等等而毀壞，因此開鑿、維持所耗的人力與費用是很龐大。

所以，一旦坎兒井遭到破壞，耕地確實會立刻化為原來的荒野與沙漠、半沙漠，居民生活也會土崩瓦解，城鎮成為廢墟。要再使之復甦為原先的人工綠地，並非易事。當時的這種「坎兒井」方式，一般認為其普及範圍從阿富汗到中亞河中地區一帶。

有關上述，過去以來都認定是蒙古將之破壞，令伊朗本土的土地一舉荒廢。

但是，在以波斯語編年史為中心的關連原典史料中，無論直接或間接，都未見講述蒙古破壞坎兒井的記載。並且，就算不從文獻而是遺物或遺跡方面來尋找證據，也見不到能夠顯示蒙古入侵導致坎兒井被破壞，乃至於明示著確實年份和下手者的實際崩壞事例。也有部分歷史學者已經微微地察覺到此。這些人雖然不清楚講明蒙古直接破壞了坎兒井，卻巧妙地解釋由於蒙古的入侵令感到恐怖的居民離開土地，造成坎兒井的修補變得困難，結果導致其崩壞。也就是說，無論證據有無，他們都想要下一個「蒙古的破壞」結論。

## 中亞的「大屠殺」

遠較伊朗一帶的「破壞」還更加深蒙古惡虐名聲的，是成吉思汗西征軍在中亞對居民的「大屠殺」。

根據當時伊斯蘭史家手著的文獻，在尼沙普爾（Nishapur）有一七四萬七千人被殺，赫拉特（Herāt）則有一六〇萬人，根據另外的書籍據說有二四〇萬人居民大量遭到殺戮。

此一記錄成為根據，自古以來就傳說蒙古是大殺戮者。就算是最近的史家也是如此。

但是，原本在當時的中亞城市裡頭就沒有這麼龐大的人口。例如，關於赫拉特的部分，根據近年的調查認為頂多只容納了十萬人。

實際在赫拉特的市街上，在成吉思汗遠征後就立刻有名作卡爾提德（Kartids）家族的在地勢力在蒙古承認下成立了一個地方政權，終蒙古一代獲得極大繁榮。如果有一六〇萬人，甚至是二四〇萬人被殺的話，那麼不僅是赫拉特及其周邊地區，大概包括赫拉特在內的呼羅珊地區整體應該都會人煙絕跡。歷史上，並看不到赫拉特在卡爾提德家族崛起的當前有大規模時代斷絕的跡象。

另外一點，談到蒙古的「大屠殺」，時常被引作例證的尼沙普爾又是如何呢？這座城鎮自古代伊朗以來就是有名的文化城，一般都篤定認知這處的破壞正是蒙古罪業中罪虐最深重的地方。也因此更加證明了他們正是「文明的破壞者」。

但是，這裡在蒙古統治下亦是仍然健在。在接著蒙古時代而來的帖木兒（Tēmōr）王朝時代中，這裡設有帖木兒王室的官營工場，誕生於蒙古時代，成為東西文化融合絕佳例證的青花瓷傑作，也如蒙古時代般地繼續製造。

過去以來為數眾多的著述中，就算表現方式多少有些差異，但都是持續著「伊朗文化的泉源尼沙普爾市街，遭蒙古殺戮、破壞殆盡，從此就再也沒有復興過」的這種敘述。事實上，至少一直到帖木兒王朝的時代為止，尼沙普爾都是健在的。如果說「伊朗文化的泉源」失落了，那是在更後來的時代，不然就是因為別的原因。剛才所述的，以伊朗方面為中心的坎兒井破壞，或是赫拉特、尼沙普爾等地極端的大量殺戮，或許皆是伊斯蘭史家一種感情的發洩吧。「白髮三千丈」的這種誇示法顯然不限於漢文世界。

「破壞」和「大屠殺」都可說是以一種「希望它如此」的心情，來創造出「歷史事實」。當然，這裡的意思並不是說蒙古完全沒有搞過破壞及殺戮。

蒙古徹徹底底地攻略、破壞了花剌子模王國沙王朝作為國防第一線而固守的錫爾河沿岸要塞城市。至於中亞河中地區或呼羅珊地方的主要城市，在開城以後，裡頭以波斯語或阿拉伯語來說稱作「阿路庫」及「卡路亞」的內城及城寨、城壁等等防禦設施大致都被銷毀殆盡。他們想奪去城市防禦能力的意圖甚是明顯。

再來就是殺人，尤其是敵方的軍人、士兵皆無所寬容。例如在有名的布哈拉（Buxoro）市街上，有兩萬的康里軍以為可以被整合進蒙古軍隊而安心投降，結果徒手遭到殺害。但是，蒙古軍隊對於一般民眾則幾乎沒有施加危害。

這個在阿拉伯語及波斯語稱為「哈夏爾」的戰術是，動員既已開城、依附的城市居民及村民們，令他們站在下一個攻擊目標的城市或要塞前面。若是前有護城河鋪設，就驅使他們負責掩埋。至於其目的，首先是要讓擺出交戰陣仗的防守籠城一方，看看投降的親屬及友人身影，削弱他們的戰鬥意願，第二是為了讓蒙古軍隊保持無傷。

近現代的歐美史家都批評這個「哈夏爾」戰術是違反人道的。不過，對蒙古而言，讓最新的新附民站在戰鬥的最前線是一般常識。這些新附者也會在更新的人們依附之後，讓更新來者站到最前線，前者則依序在後方待命。

而且，驅使已攻略下的城市或地方居民們從事搬運、設營、攻城等工作，本來就不只限於蒙古。歷史上，在中國或中亞、中東、歐洲也是很理所當然的事。

蒙古也隨著戰爭而進行了破壞與殺戮。此罪固然不能免。但也未到那些歷史學家們擴大再生產的幻想，輕易地就扯上「蒙古大屠殺」這個過於簡單的印象那般極端。

## 中亞並未荒廢

如果說中亞真的遭受了人類史上前所未有的大破壞與大殺戮的話，照理說他們就不能再站起來了。但是，歷史簡單就能找到歷歷在目「並非如此」的反證。

中亞在緊接著蒙古時代而來的帖木兒王朝時代，迎接中亞史上最燦爛輝煌的時代來臨。有關於此，間野英二的研究甚詳。

帖木兒王朝統治下完成的建造物、繪畫、抄本、陶器等種種，叫人驚嘆者眾。在蒙古時代，中國文化的精華與伊朗‧伊斯蘭文化的嗜好作巧妙的東西融合，開始誕生出前所未有的工藝。那到了帖木兒王朝時代，特別是在中亞綻放了燦爛的花朵。

甭論同一時期在日本、朝鮮、中國、東南亞、印度、中東等地創造出來的文化遺產，與文藝復興的歐洲美術品相較都猶有過之。最近開始被使用的「帖木兒王朝文藝復興」的辭彙，姑且不論它作為用語是否適當，但的確是有著昇華到最高境界東西文化融合的光輝，如此形容也不奇怪。

帖木兒王朝統治下中亞處在繁榮頂點的十五世紀，東方的明朝正處於中國史上罕見的低落與黑暗時期。另一方面，鄂圖曼帝國（Osmanlı İmparatorluğu）雖然攻陷了君士坦丁堡（Kōnstantinoupolis），但仍還處於發展途中。真正的繁榮要等到其後的十六世紀蘇萊曼大帝

（Muhte em Süleyman）時期。就如同被暱稱為「壯麗者」一般，他以強大的國力為背景，華麗地點綴了帝都伊斯坦堡（İstanbul），甚至是帝國整體。

俄羅斯離「文明」還很遠。然後歐洲還無法從黑死病的衝擊中站起來。十五世紀，只有中亞閃閃發光。

在這個十五世紀的末期，往西方海上出航的哥倫布，為歐洲人帶來了幾乎未經染指，豐饒、廣闊的大陸。西歐很是幸運。

如果，我們硬是要將中亞的「低落」歸因給甚麼的話，別說一般認知的蒙古時代，也不會是帖木兒王朝時代所致，而應該是更後來的時代。至於伊朗也是如此，印象上蒙古時代較其前後的種種時期都要好得多了。

# 4 俄羅斯的不幸是真的嗎？

## 「韃靼的桎梏」

西元一二三六年，以成吉思汗長子朮赤（Jöci）之子拔都（Batu）為司令官的蒙古軍隊，襲捲了位於窩瓦（Volga）、保加爾（Bulgar）與現在巴什科爾托斯坦共和國（Ba qortostan-Respublikas）的大匈奴王國，翌年一二三七年，向當時被稱作羅斯（Rus）的俄羅斯進軍。這是世界史上有名的「俄羅斯．東歐遠征」。

據說，那時俄羅斯全境幾成廢墟。接著，其後俄羅斯處在蒙古支配下持續著長期的苦難時代。一般定論中，俄羅斯的不幸大半都是蒙古造成的。「韃靼的桎梏」之語就是其象徵。

所謂的「韃靼」（Tatarlar），指的是被成吉思汗吸收、合併的蒙古系勢強的遊牧集團。漢字「韃靼」，就是其音譯。

在成吉思汗成為高原霸者之前，蒙古部族不過是一個極小的集團。所以，就算他們遭逢政治上的好運，一舉實現了遊牧聯合體，但「蒙古」之名也不見得就立刻在周邊的區域被使用。

不如說，比起不太為人所知的「蒙古」之名，自古以來就馳名近鄰的「韃靼」之名，有時也會被用來稱呼這個新興政治勢力。總而言之，對蒙古而言，「韃靼」不是自稱而是他稱。

此外還有一個情況。蒙古在俄羅斯方面現身是在一二二三年，成吉思汗西征軍的特遣隊在迦勒迦河（Kalka）畔攻破羅斯諸王公軍隊時。

這支蒙古特遣隊，為了與撤回蒙古本土的成吉思汗主力部隊會合，就這麼樣地消失在東方草原的彼方。但是，這一支突然現身襲擊喬治亞（Georgia）、亞美尼亞（Armenia），以及俄羅斯，然後又再度像是消失般地往東方遠去的不可思議可怕集團的衝擊，撼動了俄羅斯甚至是歐洲基督教世界整體。

這時，大諾夫哥羅德（Novgorod）的編年史作者將這支蠻族定名為「塔塔兒」（Tartare）。於是，「塔塔兒」這個辭彙，就伴隨著恐怖及驚惶而廣為流傳。

所謂的「塔塔兒」就是「韃靼」。但是，由於以「Tartare」來發音，這個辭彙又與希臘語、拉丁語的「塔耳塔羅斯」（Tartaros），意即「地獄」的聯想重疊。這給基督教世界的人們帶來強烈印象。尤其是在東方正教，也就是所謂俄羅斯正教支配著人心與生活的俄羅斯裡頭更是如此。

以「韃靼」為名再加上「地獄之民」的印象，使得「韃靼的桎梏」而非「蒙古的桎梏」的這個形容便由此而生。「韃靼」與「塔耳塔羅斯」的雙重印象搭配得真是非常巧妙。

那麼，這個「韃靼的桎梏」又是真有其事嗎？自一二三七年到四〇年為止蒙古大侵略的實際狀態，與「一般定論」有所不同。的確，羅斯城市中有幾座被蒙古攻略，其中也有遭受破壞的。但是，許多的城市其實是沒有損害的。

九世紀以來的古都，並且常被視作歐洲文明圈一員的基輔，被認為是遭受蒙古攻擊而荒廢的。象徵古代羅斯的基輔（Kyiv）遭到破壞一事，作為蒙古的惡行聞名於世。但是，至少在同時代東北俄的古代編年史中，並未記載基輔的破壞與殺戮。而且，當時基輔俄羅斯的時代已經結束了。基輔俄羅斯這個統合體並不存在。羅斯在分裂後的中心，正轉移到東北俄方面的弗拉基米爾（Vladmir）。

此時，蒙古大侵略首先是攻擊了東北俄。然後，再進軍自古以來的羅斯基輔。但其中蒙受災難的，只有蒙古軍進攻路程中的城市裡頭未應開城勸告的極少數城鎮。而且，這些遭受到損害或破壞的城市，也急速地被修復、重建。要以「定論」或「常識」說俄羅斯全境因世人所知的所謂這場「拔都西征」大遠征而幾近毀滅的，是非常缺乏根據的。

## 亞歷山大．涅夫斯基的評價

在往後漫長的「蒙古支配」中，發生了甚麼事？在回答此一問題前，必須將當時以俄羅斯為中心的政治地圖置於腦海中才行。

以朮赤一門為直接首領的蒙古人和其政治集團，稱作「欽察汗國」（Jūchī ulus）。漢語意譯「汗國」的「兀魯思」在蒙古語裡原指「人群、部眾、人類集團」，也以「國家」的意義來使用。他們的牧地東自發源於阿爾泰山（Altai）西麓的額爾濟斯河（Irtysh流域），經過哈薩克（Kazakhs）草原，覆蓋黑海北岸沃野，西面遠至多瑙河（Danube）的廣闊西北亞大草原全境。

其政治中心是以窩瓦河一帶為根據地的拔都家系。歷代的族長在慣例上也兼任朮赤一門全體的代表者。此一領袖的帳蓬飾以黃金。以俄語來說就是「Золотая Орда」，意即「黃金斡爾朵」（ordo，意為宮帳）。

「黃金斡爾朵」簡單來說就是「黃金帳蓬」之意。「金帳汗國」這個在日本也時常使用的俗稱，就緣自於此。日後，羅斯諸公國推崇這個「黃金斡爾朵」為主人來擁戴。

作為其結果，西北歐亞的世界裡頭，誕生了新的政治結構。首先，南部一帶向東西開展，雨水不多但土壤方面則有豐沃的大草原地帶廣佈，那裡點狀分布著朮赤家的遊牧集團。在北方，雨量雖然較多但土地是貧脊的森林地帶，並且在烏拉爾河（Ural）相當於西側的西北地區，又有羅斯農民的小世界，分別有為數眾多的諸公國相爭。

包含羅斯諸公國在內，這整體形成了一個大的體系。處在這個多層結構頂點的，是「黃金斡爾朵」主人拔都家的族長。

羅斯諸公因應蒙古的方式各式各樣。其中較熱中於與蒙古聯繫的有名人物，是亞歷山大・

涅夫斯基（Aleksandr Nevskiy）。他的選擇決定了俄羅斯往後的命運。

作為蘇茲達爾（Suzdal）的雅羅斯拉夫二世・弗謝沃洛多維奇（Yaroslav II of Vladimir）大公之子誕生世間的他，從一開始的諾夫哥羅德公（knyaz novgorodskii）最後爬上了代表羅斯的弗拉基米爾大公（Velikiy Knyaz Vladmir）這個權力的頂點。

令他一躍成名者，是一二四〇年在涅瓦河（Neva）畔戰勝瑞典軍隊的戰役。所謂的「涅夫斯基」（Nevskiy）是「涅瓦（Neva）的」之意，其後「涅瓦的亞歷山大」就成為他的通稱。

一般認為亞歷山大・涅夫斯基在一二四二年擊敗條頓騎士團（Deutscher Orden），阻擋了其侵略。他作為制伏外敵的名將在當時享有盛名，其後也被視作俄羅斯的救國英雄。特別是在史達林的時代，亞歷山大・涅夫斯基更被視作俄羅斯的民族英雄。其時正當對德戰爭，這一位被認為「曾擊敗條頓騎士團」的亞歷山大・涅夫斯基，是絕佳的存在。當時出現了以亞歷山大・涅夫斯基為主角的電影，點綴其活躍，其形象被誇大到簡直可與古代英雄亞歷山大匹敵。

但是，一二四〇年也好，一二四二年也行，這兩個年份皆是拔都所率的蒙古軍隊正當從俄羅斯席捲波蘭、匈牙利之時。亞歷山大・涅夫斯基對這位最強最難以對付的對手，絲毫未露敵意。此事也正述說了羅斯諸公國並未因「拔都西征」而遭到毀滅。

一直以來，在亞歷山大・涅夫斯基以俄羅斯因其「英雄行為」獲救而受世人誦讚的另一方面，又對同一時期俄羅斯因蒙古大侵略而潰亡感嘆萬分。這究竟是種甚麼樣的心理呢？

正如亞歷山大・涅夫斯基這兩場戰役所象徵的，在那之前蒙古侵略軍不過是試探性地攻擊俄羅斯以觀察情勢而已。羅斯諸公方面也由於在表示歸附意願的情況下蒙古軍就立刻離開，故未遭受甚麼實際損害。

對羅斯而言，實際上的威脅是來自瑞典和條頓騎士團。所以，他們才清楚地展現阻止態度，以自己的力量迎戰。只不過，這個時間點上的條頓騎士團等等，頂多是一百人到兩百人的「侵入軍」爾爾。

說不定亞歷山大・涅夫斯基在此時已經得到蒙古方面的諒解，甚或是協商來因應了兩場戰役。之所以這麼說，是因為一般認為在相當於這兩場戰役間的一二四一年四月九日，進攻了波蘭的察合臺（Čaγatai）家拜答兒（Baidar）所率領的蒙古特遣隊，在萊格尼察（Legnica）郊外的平原上，擊潰了以西里西亞公（knyaz Śląskie）亨利克（Henryk）為主將的波蘭軍與條頓騎士團聯合軍。只不過，也有一種說法是萊格尼察戰役等等並未發生。有關萊格尼察的戰役，從同一時代的史料來看，仍然不甚清楚。就算是有，恐怕也只是很小規模的。

一般認為亞歷山大・涅夫斯基是在翌年的四月五日，於結冰的楚德湖（Peipus）上擊敗條頓騎士團。如果說萊格尼察戰役真實發生過，從條頓騎士團來看，就是在同一年之內兩度嘗到大敗。在這個情況下，蒙古與羅斯諸公也許看起來像是一體的。

亞歷山大・涅夫斯基不只熱衷與蒙古聯手，也親自打壓羅斯人針對蒙古的抵抗活動，實在稱不上是史達林所捏造的那種「民族英雄」。因此，傑出的俄羅斯史家芬奈爾（J.Fennel）指出，「韃靼的桎梏」是始於一二五二年亞歷山大．涅夫斯基背叛自己同胞弟兄們的那一刻。

的確，說不定正是如此。他在這一年藉著蒙古的勢力成功成為弗拉基米爾大公。弗拉基米爾逐漸成為羅斯的中心。並且，大公之位更君臨羅斯諸公之上。

他主動臣服於蒙古，在明裡暗裡借使其力強化自我作為大公的權力。從「黃金斡爾朵」歸來途中，一直一二六三年十一月十四日逝世為止，他可以說將作為弗拉基米爾大公的政治手腕發揮到極致。

日後，他的作法成為一種範例。也就是說若欲成為俄羅斯的掌權者，與蒙古的協調與親密是關鍵。

羅斯諸公爭相前往「黃金斡爾朵」。如果說「韃靼的桎梏」狀態真的存在於俄羅斯，所指的應該就是此一狀態。

亞歷山大．涅夫斯基對俄羅斯而言究竟一位是救國英雄，抑或是賣國奴？這中間或許還有議論之處。不過，他的確是一位重視務實的政略家。可以說，他是一位如果必要且可能的話就會正面迎擊來敵，反之若知不可為則屈膝與對方「協調」，或者可以說他就是這樣一位「很普通」的人物罷了。

## 邁向俄羅斯帝國的道路

俄羅斯這片大地，一直到蒙古來臨前，除了連結北方波羅的海與南方黑海的通商、交易以外，土地幾乎都為其他的周邊世界所忽略。

就算是羅斯的城市，大致上亦只以土壘和木柵圍起。城市規模與景觀都很微不足道。環顧當時的歐亞世界，確實是無法與中國或中亞、中東城市相比。

有關當時俄羅斯的狀況，從理應一口咬住、使勁榨取的蒙古也不重視一事便可窺知。欽察汗國與隔著高加索山脈（Caucasus）控制伊朗南方的旭烈兀汗國持續對立，其原因是欽察汗國想要獲得自高加索山南麓至亞塞拜然（Azerbaijan）的肥沃牧地與豐饒富庶，以南下政策為首要國策之故。

與此相反，蒙古並未意圖直接統治羅斯諸公國。當然，俄羅斯獻上稅賦的貢納，但那對於「黃金斡爾朵」的主人而言，恐怕是與散布於黑海或亞速海（Sea of Azov）沿岸的塔奈斯（Tanais）、蘇達克（Sudak）等義大利殖民交易城市來的上納金不成比例。

對羅斯諸公而言，無論哪一方面蒙古都是最重要的存在，但就蒙古來說則非重視的對象。直率地說，一直以來的歷史研究者在此一時期的俄羅斯方面，都有一種以羅斯地方為「主」，克普恰克草原的蒙古為「從」的思考傾向。尤其是以歐洲史立場出發的史家更是尤有過之。但事實卻是相反的。

俄羅斯不如說是藉由受到蒙古的支配，被編入了世界帝國蒙古的經濟、文化、流通體系中。蒙古的驛傳、運輸、交通網「站赤」（蒙古語音譯，即驛站之意。突厥語發音作「亞姆」，波斯文史料中的記載發音亦近於此。漢字的「站」是轉寫蒙古語發音，以字形來顯示其意。於語尾添加表「人」之意的接尾語「赤」的蒙語「站赤」，本來是「從事驛傳者」之意。一般而言多用來指稱驛傳及其系統整體。）範圍也遠至俄羅斯。不只連結歐洲與亞洲的陸上交通，也湧來了通往波羅的海、裏海、黑海、地中海、紅海、波斯灣海上交通的恩惠。此外，更重要的是，以拔都家為主的蒙古也帶來了富庶。

羅斯地方是在蒙古到來之後，才開始活絡起來的。

十三世紀到十六世紀為止的俄羅斯，各方面都有來自蒙古很濃的影響。俄羅斯正教之所以能夠普及到羅斯全境，某種層面也是因為明裡暗裡借使了蒙古的力量。但更重要的是莫斯科的崛起。

蒙古到來時，莫斯科不過是一個小小的城鎮。然而，由於蒙古的到來與支配，機會降臨給莫斯科。歷代的莫斯科王公都成為像亞歷山大・涅夫斯基那般政略的忠實繼承者。透過利用婚姻與上納，使得與蒙古關係日益親密，一三二八年「黃金斡爾朵」終於承認莫斯科王公為大公，將俄羅斯全境的徵稅委任其手。

如此，莫斯科在蒙古勢力的背景之下緩緩地增強權力。其間，在十四世紀完成民族統一的立陶宛（Lithuania）逐漸強大。在與勢力從南方草原地帶的蒙古與北方波羅的海方面伸展到第聶伯河（Dnieper）水系的立陶宛間，羅斯形成了一種拔河角力的狀態。欽察汗國在各地的蒙古政權中算是特別長壽的，但自十四世紀後半時期開始就有較強的分立傾向。在十五世紀中葉反覆分裂成數個政權勢力。但是，即便如此還是保持了鬆散和緩的權力集團，莫斯科亦為一員。

這樣的狀態又持續百年之後，十六世紀中葉伊凡雷帝（Ivan IV Vasilyevich，俗稱「恐怖伊凡」）出現，擊垮了窩瓦河流域的喀山（Kazan）、阿斯特拉罕（Astrakhan）汗國，莫斯科大公國此刻開始要蛻變為俄羅斯帝國。

可是，就連這樣的伊凡雷帝，也是採取了「先讓位給名叫西美昂．貝克布拉托維奇（Simeon Bekbulatovich）的蒙古王侯，然後再即位」這樣一種迂迴的形式，可見蒙古是王權保有者的觀念在當時還很強。這象徵了俄羅斯帝國本身沒有蒙古確實是無法成立的。

俄羅斯帝國在壓制曾為欽察汗國中心地區的窩瓦一帶之後，就急速地擴張，特別是在東方與西伯利亞方面特別激烈。在擴張過程中成為主要旗手的，是喀山，以及過去欽察汗國中突厥系人們的一部分。

作為歐亞大帝國之俄羅斯帝國的大版圖，是以蒙古支配表裡一體的形式來成立的。有一種想法認為俄羅斯帝國是蒙古帝國繼承者之一，根據就在於此。

「韃靼的桎梏」就在這個過程中被塑造出來。相當於俄羅斯皇帝的「沙皇」支配，被當作是將長時間壓抑下的俄羅斯民眾從「地獄之民」「韃靼」手中拯救出來的「神聖功勳」。沙皇不是專制君主，而是一位服侍於神的使命的世間解放者。

在此，「韃靼」這個壞人是必要的。再加上又有俄羅斯正教的裝飾。喀山、巴什基爾（Bashkir）、克里米亞等地的突厥系居民就被刻意強加「韃靼」之名的。

對俄羅斯而言，「韃靼的桎梏」在漫長歷史中是追求權力者自我正當化與民族意識昂揚的手段。

# 5 元代中國是悲慘的嗎？

## 壓抑、搾取、人種歧視存在嗎？

前面，我們已經先談過幾個有關元代中國已成為「常識」的負面印象。但是，原本蒙古就對在地支配沒有太大興趣。

在地支配依循了當地固有的作法與慣例。叛亂者雖是另當別論，但基本上不會針對特定的人群或集團進行打壓或鎮壓。租稅方面也是按照其土地方式來徵收，額度也並不特別高。只是，唯有一項例外。

那是發生在金朝滅亡過了一段時間後的華北。當時引進了以銀來納稅的這種新作法。畏兀兒與穆斯林的商業、金融業者看準時機，向對銀有需求的華北農民們以年利複利計算百分之百的高利貸款。如此一來，與本金同樣額度的利息每一年都會因變本加厲增為兩倍、四倍、八倍、十六倍，膨脹程度甚為巨大，因此被稱為「羊羔利」即「小羊的利息」。

一提到蒙古的中國支配，此事往往被引為例證。但是，「羊羔利」的極致猖獗，是一二三〇年代後半起頂多到四十年代末期時為止。而且範圍僅限於華北極小部分的地區。是王朝滅亡後的戰後兵荒馬亂時代。有一種批評的傾向認為元代中國彷彿是一貫地實施無法無天的掠奪，但那其實是一個詭辯。

而且，在支配階層的蒙古以外，並未特別設下甚麼身分差別或階級制度。被認為是排擠到最下層的「南人」，並未看到遭受到甚麼特別殘酷虐待的事實。處於最上層的蒙古，王族與族長級姑且不論，一般蒙古人窮途潦倒賣妻求生，自己主動到徵募日雇工市場求生的事例也是有的。

原本，「蒙古」這種概念，只能說是以草創以來牧民貴族的子孫為核心，由參與蒙古政權的各色人種所組成的為政者一方，自我或是他者認知是「蒙古」而來的。從理論來講，就算沒有顯赫家世背景，人種或語言及五官相異，只要有運氣、能力或是功績，便有機會成為「蒙古」。

有名的「元代社會四階級」其實幾乎是一種極端誤解。「四階級」在實際上具有意義的，應該頂多是始於一三一四年科舉再度開辦之際，進行了按照四集團的區分和錄取名額制定時。蒙古幾乎未對人種、語言、宗教、文化的相異有過甚麼拘泥。換句話說，可以說他們並未對甚麼特定價值觀或體系有特別的深入考量。

## 科舉與能力主義的夾縫

在蒙古的統治之下，只要與蒙古政權有裙帶關係或是實力，誰都能被晉用。是一種能力主義、實務主義的人材選拔。

這一點會讓中國自古以來的士大夫、讀書人感到疏離，或許也是莫可奈何的。在中國，士大夫和壓倒性多數的農民和庶民相較，本來就只是一小撮的社會、文化菁英階層。

他們只要應試科舉順利地突破種種考試關卡，就能出仕成為官僚。然後，在推戴、奉侍王朝國家支配與統治的同時，作為支配者一方，其政治菁英的地位也能獲得保證。他們是在與此種國家權力的一種雙務契約為慣例的前提中生存發展的。因此，當然也會自以為是地深信此一前提會超脫王朝、政權的更迭受到保證，會無條件地持續下去。

其門戶就是科舉。但是，在蒙古政權統治下，過去以來中華王朝視作人材選拔第一標準的古典和文學素養等不再被視作萬能。人材的第一要件，是要有對現實有助益的能力、有從事實務處理的執行力。

當然會有人覺得憤慨，這些不滿就留在記錄或文獻中。

然而不能忽視的是，現實的元代中國就算沒有科舉，也有相當人數的中國人官僚為蒙古政權服務。既有相當人數的高級官僚，升至宰相、大臣等級者，也絕不在少數。他們幾乎都是以「推荐制」來獲得晉用的。

在「一般見解」中，蒙古無知蒙昧，無法理解高度的中國文化，但事實上只要是中華文化的教養人士，他們皆以三顧之禮來造訪厚遇。即便是舊南宋國的學者、文化人，只要是優秀人材幾乎都受到招聘。蒙古對於人材選拔其實相當敏感且熱心。這一點一直以來都受到誤解。

表露出不滿者，都是那些憑靠著在採取科舉形式的王朝及社會文化菁英階層的奉侍而出人頭地等等來自我實現的士大夫與讀書人。

但是，好好想想，就算是在被讚美為科舉全盛時代的宋代，實際上有一半以上的官僚是透過科舉以外的手段及路徑來出仕的。如果祖先是高階官員，利用被賦與的特權「恩蔭」者也頗多。透過軍事功績回報的「武功」與獻上現金及物資，正可說是用錢求名的「買官」也相當多。一直以來，「科舉」都被看得比實際情況還要重要、絕對而得到過度評價了。

當然，科舉在中國文化傳統及文明意識所擁有的象徵意義是不能輕視的。但就算如此，我們成為「中華意識」的俘虜，把科舉的停止及低落視作中國文明的不幸來感嘆或是過度強調也是很奇怪的。

## 元曲述說的事物

關於支撐元代社會負面印象的另一個庶民文化的評價又是如何呢？

在「一般說法」中，「元曲」是一個發展因素直接來自於蒙古對士大夫冷遇者的代表事例。但是，根據最近的研究，元曲不是首次出現在元代中國，而是元代以前老早就存在的。也就是說，元曲正是因為蒙古統治下中國士大夫、文化人受到壓抑的特殊狀況才產生的這種奇妙說法並不能成立。當然，將之解釋成士大夫、讀書人抑鬱的能量產物也沒道理。

不僅是出現的時期，在其實際狀況方面，是否能夠單純下結論說元曲是個只以庶民為對象，是有些低級與鄙俗面向的大眾藝能？這也是一個疑問。在漫長語文世界的中國文學大流之中，出現以口語來書寫腳本並演出的文學，過去曾經單純地受到感動。但是研究者為了使解釋迎合於「異民族王朝」蒙古統治下傳統中國文化人士不得不感到躊躇徬徨，才絞盡腦汁想出解釋來理解。那是研究發展的一個階段，無可奈何。但是，這個設定與無理已經沒有存在必要了。

如果能夠對於元曲的相關狀況不持先入為主觀念，平心靜氣來看的話，可以得到一個觀察，就是在那以前已經存在的口語體舞臺戲劇，經過了蒙古時代，變得更加活潑且燦爛地受到社會各階層的歡迎並流行。事實就是如此而已。

只要不帶有色眼光來看蒙古時代的中國，應該都會發現其經濟、文化、社會整體的活化是很顯著的。圍繞著中國的國境之壁完全消失，長期隔閡著中國本土南北的政治對立所帶來的緊張也已經消失。

拘束、制約人們活動與意識的種種「框架」被除去了。人們沉浸在解放感中，較以前更加地接觸到自由、闊達的風氣。作為其結果，社會全體應該可以不問上下，享受相同的娛樂，興致與範圍都更加擴大。本來興盛於中國北方，在接收江南後，也以杭州為中心在南方急速流行，因而被稱為「南曲」，這正是因為南北的圍籬被除去所致。《水滸傳》亦根源於此。日後成為《三國演義》底本的《三國平話》，也在此時大大流行。文化和學藝豈能說是衰退，反而是在質量上都更加活絡了。

# 6 責難與稱讚

## 以文明為名的偏見

不知何時開始，蒙古的形象被創造出來，且在人們的心中固定下來。形象過於強烈，真正的樣貌反而看不見。

要清清楚楚釐清「歷史責任」的所在，真的是非常困難。那些被視作「惡行」者，在歷史的現實場面中，究竟是否真是如此？要作到誰皆無疑問且堅定的確知，不是尋常之事。

就這一點來講，蒙古是不幸的。正因為他們擁有超越古今的巨大活動範圍，因此要讓後世瞭解其實際狀態，又將更加困難。因為其疆域實在是太大了。

他們究竟作了什麼？又未作了些什麼？就算是極為簡單的事，也不太容易瞭解。更何況是要將之蒐集整理，與前後的時代相比較，作適當正確的判斷等等，是非常不容易的。

對於蒙古的種種負面印象，與所謂的「文明」相糾葛，很難不叫人想到是由這些人心中所抱的意識與情緒所造成的。

以中國而言，將蒙古視作野蠻與非文明來批判的，早在蒙古於歷史舞臺出場的蒙古統治時代初期就可以看到了。但是，責難者只限於一部分的讀書人。對此，蒙古政府方面並未採取明確的措置。吾人看不見鎮壓，或是進行言論控制等事實。就此點而言，不知為何從來都幾乎未被提起。

令人注目並感意外的是，在明代直到前半期為止，竟然存在著認可元代社會的論調。例如，閱讀葉盛的《水東日記》，可以發現該書從各種方面來討論元代的整體情勢，直率地接受事實，謙虛地認為該學的就要學。稱讚的部分也相當多。

明朝政府，特別是因為洪武帝朱元璋將蒙古政權驅逐至北方成為中國的王者，所以將中華主義視為國策，揭舉反蒙古的姿態。但是，該說那是一種表面上的態度，或是近似於政治上的宣傳呢？固然，阿諛這種權力者場面話的文章有很多，但也僅止於「胡元」這種表達方式的程度爾爾。這種程度的諂媚與奉承，在中國史來講是很平常的。

然而，明代過了中期以後樣貌有所改變，對前王朝的責難開始高漲。其背景是對於缺乏根據與內涵的空疏哲學論風潮的喜好。當然，部分也是因為內蒙古土默特部（Tümed）的俺答汗（Altan Khan）包圍北京，明朝認真考慮南遷等等，所謂「北虜」威脅加深的影響。

但是，對蒙古的惡劣評價是在清代確立的。以滿洲族為核心的清朝，極度厭惡被中國士大夫及讀書人叫作「夷狄」。他們焦慮地在意評價，對於每一個文字都很拘泥，只要稍有一點像是批判或壞話的情況，就立刻令之投獄、處刑。其累及於一家、眷屬，就是所謂的「文字獄」。

作為其結果，對清朝的批判和冷語就消聲匿跡了。相對於此，同為「夷狄」的蒙古元朝則成為標的。清代的士大夫與讀書人們將其個人著作或文書、書簡都容易受到檢閱目光的對清朝政權責難全轉移到對元朝的痛罵上。

清代的考據學是來自於「文字獄」的反動，有好細微議論之癖，另一個共同的習性就是嫌惡蒙元，對於元代的文字與學術是異口同聲地認為野鄙與低俗。

其源流應該就是明末清初的大學者顧炎武。以明朝遺臣自命的他，掩飾對清朝的輕視，以一種明顯意圖，在表面上謗責、嘲諷蒙元。這成為其後考據學的流行。

另一方面，也有如錢大昕那般，直率地認同蒙古時代的重要性，在完整如初地汲取中國歷史與文化之餘，生涯一半以上的時間都投注在蒙古時代研究的人物。但是，像他那樣貨真價實的大學者是罕見的。擁有那般見識與能力以及氣力者，縱觀古今皆不存在。一旦俄羅斯的威脅漸成現實，所謂的「西北學」受到重視，蒙古時代研究也作為其一環而展開，但對於蒙古及其時代的偏見與蔑視已經無法動搖了。也就是說，蒙古在中國的惡評，是清朝二百數十年間的結果。

## 反作用下的「極端美化」

相反地，也有一種一談到蒙古就使勁讚美的現象。此一傾向到了最近特別明顯。

本來，就算是熱衷於誹謗蒙古的近現代史家，也無法否定自十三世紀後半開始，空前未有的活絡東西方交流。

歐洲的歷史家們熱中於使用伯郎嘉賓（Giovanni da Piano di Carpine）、羅伯魯（William Ruysbroeck）、洗滿・聖康坦（Simon de Saint-Quentin）、孟德高維（Giovanni da Montecorvino）等基督教傳教士，或馬可・孛羅、鄂多立克等「旅行者」的記述，大肆地加以宣傳。

並且，在十四世紀前半，相較於尚有種種疑惑的馬可・孛羅，那些作過空前未有世界旅行的穆斯林是確實存在而且範圍也遠遠較廣的。例如誕生於摩洛哥丹吉爾（Tangier）的伊本・巴圖塔。他的遊記很受伊斯蘭史家喜好。

甚至，中國的學者們也強調中國的文物、美術、工藝給西方世界帶來很大影響。他們主張元代中國歐亞世界各地各色人等聚集而來，讚美了中國。

這種印象，又與交織誤解、偏見、或有意憎惡而成的「蒙古大破壞」單向命題太過不同。

上述心理導致「韃靼治世」（Pax Tatarica）或「蒙古治世」（Pax Mongolica）等創新名詞形成。這是緣自於奧古斯都（Augustus）時代開始約二世紀間古代羅馬帝國憑藉勢力支配地中海，帶來了安定秩序——當時讚美其支配的詩人與後世的歷史家以拉丁語「Pax Romana」名之，意即「羅馬治世」，其後在歐洲史的領域風靡一世。

「Pax Tatarica」是「韃靼的和平」，「Pax Mongolica」是「蒙古的和平」之意。有關「Pax

「Tatarica」一辭，由於「韃靼」與「地獄」的雙重印象，此語將會變成意指「地獄之民」所帶來的「和平」，這樣一個矛盾的諷刺。

但是，說是「韃靼治世」或「蒙古治世」也不能解決甚麼。實際上，對於這種一直以來在前半段敘說人類史上災厄的蒙古侵略，在後半段又談到那迎來了歐亞史上前所未有大交流的蒙古帝國史，吾人又該如何下判斷呢？

預先在腦海中準備好帶有結論意味的評價，強行推銷造語和印象，那是誤解之源，只是擴大了混亂而已。

在歷史上，不當的過小評價或曲解，亦或不盡於理的非難與斷罪皆不妥。但是，雖說如此，太過頭的善評與美化，莫名其妙的讚美與頌揚也令人可怕。因為那皆是過度深信，有其目的，有時也是一種明知故犯的謊言。

將現代的價值觀或印象過度套用在過去，憑藉一些當時的方便來解釋，也只能讓我們離真實存在的歷史愈來愈遠。

# 7 世界史與蒙古時代

## 不確切的體系論

最近，有某種思考席捲歷史學領域。那就是名為「世界體系」的概念。眾所周知，那是美國的社會學者伊曼紐・華勒斯坦（Immanuel Wallerstein）提起，在其大著《近代世界體系》中詳細講述的概念。在日本由西洋史研究者川北稔譯成日文引介。簡要言之，那是一種十六世紀以降，直至世界完全成為一體的現代為止，地球上各地以西歐為中心逐漸被納入一個「世界體系」，儘管那並非意圖下形成，但全體確實是以一個整體來發揮作用的想法。

重點在於生產與流通。例如，在地球上各個地方，就算是各自有農奴制或奴隸制大莊園等階段或形式古老陳舊的情況，也將之視作資本主義世界體制中的「邊境」，基於歐洲分工體制「歐洲世界經濟」的一部分來發揮作用。那裡提供了以生產為目的的種種原物料，這些物資被運送到歐洲，在當地作為製品來生產，其製品進一步被運到各地去買賣。總而言之，是一種以西歐的生產為頂點，地球上各地有看不見的手各自扮演角色，全體世界形成一體而產生連結的主張。

華勒斯坦將其發端推至十五世紀末以來的「大航海時代」，將其至現代為止的「近代」視作這個體系實現、展開的過程。特別是認為其過程中，西歐核心國家在十七世紀中葉有荷蘭、十九世紀中葉有英國、然後至越戰為止則是美國等為「霸權」所支撐的「霸權國家」出現。然後，在美國「霸權」衰退的現在，歷時五百年的這個體系則呈現混亂狀態。

這真是一套波瀾壯闊的歷史論述。將大量生產社會的出現置於進程中，以生產活動為縱線，將地球的「世界化」，盡可能地使用所有歷史資料，集其大成加以徹底闡述的魄力，對讀者而言真的是有不容招架的壓倒性魅力。

為華勒斯坦此說而著迷的人數之多，是理所當然的。在此無意對其加以反擊，只是仍有幾個察覺到的問題點。

他雖然以生產與流通為關鍵詞，但相反地若以消費為中心也還有別的體系存在，不是嗎？例如，根據其見解，十八世紀後半以降，對於宛如被定位在「歐洲世界經濟」「邊境」的清代中國而言，其實西歐製品不過是被從周邊各地帶過來的「粗劣物品」之一。財富與霸權，是集中在生產與流通一方的西歐的這種思考與價值觀，在此未必是有效的。從亞洲角度來看，西歐中心的立場未免太過於武斷。

而且，他所使用的資料在品質與可信度上也有問題。各領域的歷史研究者，是在各別的研究狀況及階段中從事工作。資料照理而言不是均質的。特別是在亞洲史方面，他的根據與理解令人遺憾地相當缺乏。因此，論點一旦出了歐美，在途中就會變得相當混亂。

對他的想法來說，在最重要之處只舉出一個事例。他認為「歐洲世界經濟」出現以前，既已存在數個「世界體系」，以此布下預防線。又說它們一定會從「世界經濟」過渡到「世界帝國」。未演變成為「帝國」的「世界經濟」，只有他所稱頌的「歐洲世界經濟」，主張那裡存在著「近代世界體系」的優越性。

但是，那應該只不過是一種未經慎重考慮的見解。在他作為既有的事例所舉出的中國，是首先有「世界帝國」（此一用語是否妥當，另當別論）存在，「經濟」則一直是落後的。連超越小地區的中型規模流通或經濟狀況，若無「帝國」的強制力，其實都沒甚麼太大進展。「中國」之所以成為「中國」，秦漢帝國以來的政治權力是其最主要的原因，這是常識。「世界經濟」這種狀況，何況是「世界經濟」先「世界帝國」而存在等等說法，是非常不可能的。

就其立論整體而言雖然可以這麼說，但卻太過於圖式主義了。對於一個個局面中歷史的洞察，失之淺薄。特別是連東亞與中亞，甚至是中東伊斯蘭世界及俄羅斯方面，都欠缺基本的歷史知識與認識。率直來說，就亞洲史研究者來看，只看到了不變的歐美型發想而已。這令人深切感到，歷史研究中東方與西方的「裂縫」，果然還是連發想階段都難以填補的嗎？一個具有「世界」全體性說服力的主張，仍是不易。

本來，為了要環視亞洲史的全部，今後仍需要龐大的基礎研究。恐怕連一百年也還不夠。

在目前的時間點上，歐洲姑且不論，要以全球的視野來總括亞洲全體，還是太過大膽。所以，就算是用電腦來收集整理，資料本身不充足還是會淪於模稜兩可而無計可施。而且，要直接採信未親眼直接觸及原典的資料，作為一位歷史研究者需要非常在意小心的。

雖說如此，華勒斯坦的想法無疑給歐美人士及站在西歐中心主義者帶來勇氣。他那宏大的整合化作業一出現，就有許多人們為其所觸發。其中的一個傾向，就是將類似「近代世界體系」那般的全球化「世界體系」視作是更早以前就存在的主張。

以亞洲史而言，也有些人將伊斯蘭的出現與隋唐帝國的形成作連結，欲將之與歐洲史串連。從旁支撐這種想法的就是「絲路」。在那裡不存在著「絲路」究竟是否真正存在的問題。

無論由誰來看，最具有說服力的都會是蒙古時代。因為歐亞有相當的部分在其時被置於同一主權下。「蒙古治世」是蒙古時代「世界體系論」、「霸權國家論」的先驅者。當然，也有許多人開始主張十三到十四世紀才有「世界體系」存在。

華勒斯坦也許會對此種主張感到困擾。在他的視野裡頭不存在著蒙古。就算是要從現在開始學習，有關蒙古時代應該使用的史料經典就多達二十多國語言，並且重要的是，東西方專門研究者的工作，都想要描繪出一種完全不同的歷史圖象。再者，一旦蒙古時代已經有了全球性的「世界體系」，西歐優位的前提與目標就會瓦解。

有關最近的這個十三世紀到十四世紀已經存在「世界體系」的主張，在此不打算深入討論。只是，有關代表此種動向的某些歐美人的著作，筆者只能對美國的蒙古史專門研究者莫里斯・羅薩比（Morris Rossabi）「盡是一些雖然有趣，但卻只是蒐集了充滿事實扭曲與誤解且毫無根據的材料，極為簡單草率的作品」的評價表示贊同。

歷史的假設怎麼提出都無妨。那隨時會被修正，再出現其他新的假說。

但是，最近的現成「世界體系論」，仍不出「隨想」之境。責任與根據全推給專門的歷史研究者。羅薩比的評價是很適當的。

一直以來有關蒙古時代史的研究，分有東與西兩個集團。那是因為，雖然有關蒙古帝國及其時代的文獻史料多達二十多國語言，但其中尤以漢文與波斯文為雙璧的兩大史料群為大宗所致。

大致上，歐美、俄羅斯、土耳其、伊朗等「西方」研究者是以波斯文為中心，主要處理了拉丁文等等「西方史料」。另一方面，日本、中國的「東方」研究者，則以「東方史料」支柱的漢文史料為主力。如此一種狀況，可以說是「東」、「西」的研究者，各自以其擅長的文獻為據，長期進行了一種「國際分工」。

但是，其實兩個集團所以為目標者大有相異之處。因此，兩者的差異之大，就算說是兩個歷史圖像併立也不為過的程度。這並不是說結合兩者就能順利了事的。

「東方」的研究，長期下來以極端地往「東方」，尤其是往中國傾斜的形式來進行。例如，以成吉思汗為中國史上人物的發想，亦屬此類。他們將蒙古帝國史視作與中國史無太大差別的歷史。

另一方面，「西方」的研究是重視蒙古帝國往東西方的擴張。伊朗方面的「旭烈兀汗國」及西北歐亞的「欽察汗國」，中亞的「察合臺汗國」等等固不待言，尤其是與歐洲及埃及馬木路克王朝（Mamluk Sultanate）等的「國際關係」更容易成為話題。

照理說應該要以「東西大交流」將兩者連結起來，但無論如何漢文史料與波斯文史料的隔閡，真的是太大了。現在歐美具代表性的研究專家如英國的德摩根（D.Morgan）說，要研究這個領域，「一定得先決定要基於哪一邊寫成的史料來進行研究」。這不單只是語言或文字的問題，還由於兩個文獻群各自背負的巨大文化傳統完全不同之故。

只不過，在日本方面，根據蒙古時代史與伊斯蘭史研究泰斗本田實信所言，在傳統的東方史料中心基礎上，自波斯文原典著手的歷史研究也有所展開，兩者間的史料障壁逐漸得到跨越。雖說如此，仍然存在著以多種語言寫成的龐大史料。它們分散於世界各地，可以充分想像得到其中應還有許多未發現者。

蒙古時代的研究，在全世界有一百五十年左右的厚度，在亞洲史研究裡頭質量是首屈一指的。然而即使如此，現在已知者仍屬些微。要克服的有史料之牆與語言之牆，以及說不定遠較前兩者為大的意識之牆。事實的探求才剛要開始。

## 展望世界史的視角

華勒斯坦將「近代世界體系」設定自十五世紀末開始。那是因為「世界」變成「世界」的時代開始於西歐以「大航海時代」為開端往海上邁進的這個觀念被視為理所當然之故。

新大陸主要藉著歐洲勢力，與歐亞及非洲作連結是事實。那在「人類史」上是有重大意義的。

只是，如果歐亞之間也要以這種看法來簡單下定論的話，當然會出現異議。例如，有一種意見認為，瓦斯科・達伽馬（Vasco da Gama）「發現」印度洋航路，只不過是利用了阿拉伯海上勢力所開闢出來的航路。此外，有關歐洲的海上支配也是如此，在雖然未經特別的組織化，但已經有相當既有競爭對手的亞洲方面，葡萄牙也好，日斯巴尼亞（España，即西班牙以拉丁語發音的音譯名稱）也好，甚至是荷蘭、英國也好，一直到十八世紀為止，其實都沒有像他們所自誇的那般，作了甚麼太大的突破。就算如此，「大航海時代」在「人類史」上是一個階段性的發展，這是沒有疑慮的。

那麼，另一方面，不僅限於華勒斯坦，一直以來所有的西歐中心史觀事實上在一直到叫人束手無策的「大航海時代」為止的長時間內，究竟是如何？這是當然會有的提問。

先前所述的七至八世紀的「世界體系」說或十三至十四世紀的蒙古時代「世界體系」論，

姑且不論其是否恰當及根據有無，它之所以會被歌誦，在心理因素及歷史背景上都是有相當的理由。

一直以來西歐中心的「世界史」裡頭，似乎都斷言世界在「大航海時代」前分有幾個「文明圈」，彼此之間雖然多少有過交流，但卻是幾近孤立的。

的確，在某個「文明圈」所展開的歷史現象，就算它在實際上與其他的「文明圈」有交流，而且完全是在相互的連鎖效應下來進行的，但遍及複數「文明圈」的文獻與視點在現實上幾乎不可能的情況下成為一道牆，最終在結論上就不得不停留在各別的「文明圈」框架中處理。

作為其結果，吾人就很難確定有甚麼共同的情況，或有甚麼是特殊的。

然而，在長期以來作為人類活動主要舞臺的歐亞歷史上，作為一個極為罕見的例外，有一個覆蓋歐亞中央區塊的史料之雲可以化晴，可以從文獻上頭以另一個整合性視野來眺望東西方世界的時代。那就是蒙古時代。

只要願意尋求，就可以得到確切的證據。並且，一個可以跨越想追求的史料及語言障壁的狀況，目前正要逐漸開啟。當此成就之時，我們就能夠在真正的意義上得到一個與西歐中心史觀完全不同的，另一個「世界史」的真實面貌。

不過，這條路本來就很漫長。這趟旅程必須跨越世代與國界長期持續。恐怕會成為一趟以文獻為主要線索，幾乎要閉關於書房的跨越時空內在之旅。

本書不過是個人在遙遠旅途的入口前徘徊、躊躇的一個小小嘗試。這本來就完全是一個假設的提出，並非要性急地提出結論。那本來就是不可能的。

本書想提出的，是有關蒙古時代這個在「世界史」、「人類史」上具有顯著及特別意涵的「時代」，一些既非責難亦非稱讚，而「至少是不得不這麼想」的事項。本書之所以要在截至目前為止的部分中，針對一直以來被視為理所當然的多數以「定論」、「常識」為名的誤解稍微提出一點點的異議，也是基於這個理由。

在接下來的部分裡頭，本書想要談論的是，在有關蒙古想要創造的這個國家與經濟體系的問題上，一些小小的己見。是關於成吉思汗之孫忽必烈所構想的世界國家「大元汗國」，以及以其為中心，為前所未有的世界通商圈所包覆的歐亞世界的假說。

＊日文原文版凡例說明：フビライ與クビライ，ハーン與カン、カアン。

在歐亞中央地帶營生的遊牧民及其社會、國家裡頭，有關其人類集團的首長以突厥・蒙古語稱作「汗」（Qan／カン），至於眾多君長之上的至高存在則稱為「可汗」（Qa'an／カガン、カアン）。蒙古帝國自第二代皇帝窩闊臺（Ögödei）起就自稱「可汗」，至於帝國結構中其他汗國的君長則僅稱「汗」。要言之，蒙古帝國是由一位可汗下屬的複數汗率領的雙重結構多元複合體。

此外，過去研究者對「可汗」（Qa'an）與「汗」（Qan）的差異與使用方式常有未能充分理解的現象，就將之全以「汗」（Han／ハーン）等等來記載。並且，「カ」（Q）與「ハ」（H）的不同主要是來自日文記載的侷限。真正的原音是介在「Q」與「H」之間，因時代與地區而異，但一般認為在蒙古時代其發音較近於「Q」。本書日文原文版之所以將在日本常記載作「フビライ」（忽必烈）、「ハイドゥ」（海都）的人名，以「クビライ」（忽必烈）、「カイドゥ」（海都）來記載，也是由於認為如此一來較近於當時發音之故。

# 第二部　世界史的大轉向

# 1 改變世界史的那一年

## 阿音札魯特戰役

西元一二六〇年。這一年，是改變了世界史的一年。

自成吉思汗統一高原的西元一二〇六年起，已有半世紀以上的歲月流逝。在這個成吉思汗孫輩的世代，歐亞大陸的絕大部分幾乎都納入蒙古版圖。

蒙古皇帝是第四代的蒙哥（Möngke）。他是成吉思汗么子拖雷（Tului）的長男，在一二四九年及五一年共計兩次召開目的在推戴與即位的庫力臺大會中，排除反對派的力量登上帝位。他緊接著馬上下令啟動帝國全境的人口調查與戶籍再調查。另一方面，也規畫了東西方的兩場大型軍事作戰。

然後，就在一二六〇年，歐亞大陸的東西側，有兩件大事幾乎同時發生。

在西方，蒙古西征軍隊擊垮巴格達的阿拔斯王朝（Abbāsīya）哈里發，往敘利亞進攻。主將是皇帝蒙哥的五弟旭烈兀（Hülegü）。雖說是排行第五，但在父親拖雷的正室，——其賢慧聰明享譽帝國全境的唆魯禾帖尼（Sorkhokhtani Bekhi）所生四名男子中則排行第三。位於其上

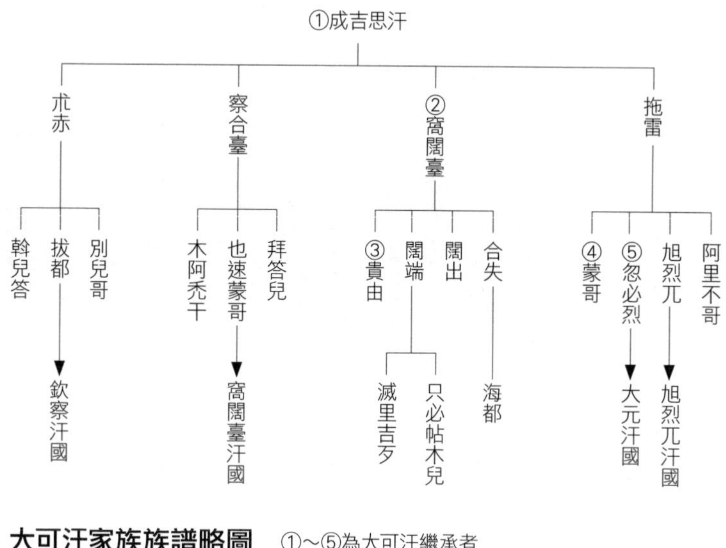


**大可汗家族族譜略圖** ①～⑤為大可汗繼承者

的胞兄是忽必烈，其下胞弟則是阿里不哥（Ariq Böke）。

以蒙哥為首的這四名嫡出兄弟，一致團結地想為帝國興起一番新的大事業。就算是那位打從心底畏懼旭烈兀所率領的蒙古軍到來，但作為這片土地上伊斯蘭教信奉者「信徒首領」，仍要使勁氣力虛張聲勢的阿拔斯王朝第三十七代哈里發穆斯臺綏木（Al-Musta'sim），在遭到滅亡前幾度與旭烈兀往來的外交書信中，將當時的蒙古形容為「兄弟們」所領導的國家，指的就是蒙哥四兄弟。蒙哥之名，在蒙古語意指「永遠、恆久、長壽」。只不過，他的權力沒能夠永遠。

旭烈兀進入北敘利亞，攻下據點城市時，傳來了長兄蒙哥駕崩的消息。旭烈兀立刻決定班師回朝。當時出身乃蠻族（Nayman）的怯的不花（Kitbuqa）率領一萬二千名先鋒部隊，和已經納入蒙古麾下的穆斯林勢力及來自十字軍國家的部隊一同包圍了大馬士革（Dimashq）。旭烈兀命令怯的不花留下，為了返回遙遠的蒙古本土，踏上了前往伊朗西北的旅程。一般認為當時旭烈兀胸中懷著爭取帝位的雄心。

在埃及方面，自十年前起就成立了馬木路克王朝，是由奴隸兵所組成的政權。以開羅為首都的阿尤布王朝（Ayyubid），在一二五〇年以馬木路克軍團勢力擊破了入侵埃及的法蘭西聖路易所率領的「十字軍」，並且俘虜聖路易。其後，馬木路克這支軍事集團立刻發起軍事政變，掌握了政權。有關馬木路克王朝的詳細資料，請參照佐藤次高先生的研究。

當時，在開羅的是已即位成為馬木路克王朝第四代蘇丹的忽禿思（Qu uz）。此外，繼承其後任的拜巴爾（Baybars），在成功捕獲聖路易的行動中雖然是核心人物，但其後反而遭受防備，在敘利亞蹲了數年苦窯後，由於蒙古來襲的這個緊急情勢，才得到再度表現的機會。

制伏大馬士革的怯的不花並未休兵，而是順勢持續南下。馬木路克軍隊也為了迎擊而北上。其時為一二六〇年九月三日。

兩軍會戰之地是巴勒斯坦的伯善（Beisan）與納布盧斯（Nablus）之間。阿拉伯語管流經此處小支水源的上流稱作「阿音札魯特」（‘Ayn Jalūt），意為「歌利亞之泉」。

會戰意外地由馬木路克軍隊得勝，蒙古軍慘遭落敗。據說，被認為是基督教聶斯脫里派（中國古代稱作「景教」）教徒的蒙軍大將怯的不花，在亂軍中求死或在成為俘虜後遭到殺害時都吐露著自己對主人旭烈兀的忠誠。失去主將的蒙軍全軍潰散，就連既已確保的領地也接連失守，終至撤離敘利亞。

## 戰役之後

有一說認為阿音札魯特一帶為砂泥所覆，所以蒙古軍無法自如地發揮實力，不得已下馬而戰。但是，那是否真的成為敗因？真偽未明。

蒙古軍隊被稱作是「騎馬軍團」，但也時常下馬戰鬥。長距離移動的機動性即「腳的長度」，與在戰場上騎馬的效果即「腳的速度」，未必是相同的。在此情況下，馬木路克軍隊也是騎馬軍團。所以，如果說他們是因砂泥而受到阻礙，這個條件照理在馬木路克軍來講也是一樣的。

有一個原因是，怯的不花所率領的蒙古軍隊已經精疲力盡。一二五三年，他們在旭烈兀主力軍自蒙古本土出發還要早了一年以上，就先行出發來到當地，且自那時起就持續在前線戰鬥。他們無疑是在移動與戰鬥中疲勞困憊的。

而且，怯的不花又犯了很大的失敗。既然旭烈兀主力軍隊已經離開，那麼就應該按兵不動，專心致力確保敘利亞才對。在完全沒有後援軍隊的情況下，進兵至不熟悉的敵陣中，本身就是一項大失策。因此，連一度歸順蒙古的地中海東部沿岸諸勢力都被捲入危機中，終於種下無法永遠確保敘利亞的禍根。並且，他在戰略上也過於拙劣。

但是，最大的原因恐怕還是埃及的馬木路克軍團過於強大。那是勝過所有決定因素的第一理由。首先，兵力數量在雙方所留下的文獻記錄上彼此差了一位數，恐怕馬木路克軍似乎還要多了一些。加以另一個原因是，馬木路克軍士兵大多數是故鄉位於西北歐亞大陸的突厥系人。

要言之，由突厥系騎馬戰士所組成的馬木路克軍團，與怯的不花所率領的蒙古軍隊相當類似。一方是連戰連勝後疲乏，戰線也拉得過長的蒙古軍；另一方是戰備、補給充足，為了保衛埃及與伊斯蘭戰意十足的馬木路克軍。兩方在離埃及不遠的巴勒斯坦正面衝突。結果是蒙古敗北。

這場會戰就其本身規模而言，程度並不那麼地大。這種程度的會戰，其他還有很多。但是，它在歷史上所造成的影響與意義，其實是較會戰本身要大。

首先，看似已被逼至毀滅深淵的伊斯蘭世界，終於得到喘息的機會。馬木路克在埃及國內是異邦人的軍事政權。自掌握實權以來過了十年，同黨間的內鬨與權力鬥爭甚盛，當時世間皆認為此一政權無法長期維持。

但是，此刻馬木路克已成為伊斯蘭與埃及的救世主。他們在埃及民眾的歡呼中凱旋回到開羅，其後又成為擋在蒙古前方的強固障壁，遏止了其西進。

姑且不論其理由及狀況，深信將會不敗的蒙古軍隊在眾人眼前確切地嘗到潰敗，對蒙古而言其破壞程度無法計數。蒙古一直以來刻意自行放出殺戮與破壞的傳言，將自身營造成一支滿是恐怖的無敵軍隊。「恐怖戰略」已經不能適用了。人們都瞭解到了蒙古的實際面貌。

一二〇六年蒙古國家出現以來，長達半世紀以上蒙古所塑造出來的「恐怖時代」，此刻差不多在歐亞大陸的西半邊落幕了。自那以來由於蒙古本身的多極化，如同這時候的大西征就再也不可能了。

對蒙古而言，無法藉由陸上的路徑，將敘利亞、埃及以西的區域置於直接影響下。藉由軍事力量來進行與「西方世界」的連結，最終沒能實現。但是，這樣一個新局勢，對於其後在東方建設新型「大可汗汗國」的忽必烈而言，成為了令其構思另外一個「世界政策」不可忽視的條件。那就是不只是陸地也要使用海的路徑，不憑藉武力而是藉由通商來連結，這個應該被稱作「歐亞交易圈」的構想。

## 兩個蒙古汗國的對立

自阿勒坡（alab）回頭的旭烈兀主力部隊，已經折返至阿音札魯特。就在那時，傳來了排行其上的兄長忽必烈即位的消息。旭烈兀決定停留在伊朗自行獨立。歷史上的旭烈兀汗國就在此成立。

其疆域在其後雖然多少有所變動，基本上是東至阿姆河（Amu）西達安那托利亞高原（Anatolia）為止。這雖然不及古代的阿契美尼德王朝（Achaemenid Empire），但幾可與薩珊王朝（Sassanid Empire）的疆域匹敵。伊朗藉著蒙古的力量，再度重拾薩珊王朝滅亡以來，歷經數百年失去的「伊朗之地」（Iran Zamin）理念與現實。

然而，在此又浮現了新的政治問題。旭烈兀擁有西征軍的主力，明確地展現其順勢在伊朗之地自立的態勢後，就急速加深了與盤據高加索山脈北方的欽察汗國對峙的局面。原來在旭烈兀西征時提供一部分軍隊的欽察一族，將伊朗視作蒙古帝室的共有物，特別又想要取得伊朗西北。但是，廣布著豐沃草原的阿音札魯特對旭烈兀汗國而言是「要害之地」，也就是心臟地帶。兩個蒙古汗國的對立是一場宿命。

這個由蒙古同胞自己形成的南北對立，對於在阿音札魯特之戰後殺害忽禿思，成為埃及馬木路克王朝新主人的拜巴爾而言，是絕佳的外交環境。他一方面收編自旭烈兀脫逃出來的欽察家軍隊，一方面也透過海路，謀求與窩瓦河畔的「黃金斡爾朵」接觸。

陸路既為旭烈兀所牽制阻礙。另一方面，位置相當於海上路徑「咽喉要衝」的君士坦丁堡，在一二〇四年「第四次十字軍」後，成立了拉丁帝國（Latin Empire），對伊斯蘭的馬木路克王朝而言則是敵人。然而，這個地方也於一二六一年發生變化，拜占庭帝國的巴列奧略王朝（Palaeologan dynasty）在尼西亞（Nicaea）復活了。其名完完全全就是「羅馬帝國」，這個弱小卻堅韌的拜占庭國家「皇帝」，一面提防來自東方旭烈兀汗國的壓力，一方面不情願地認可窩瓦與尼羅的交涉團通過。那是自欽察汗國君主別兒哥（Berke）處出發的使節船隊，他們經過黑海、馬摩拉海（Sea of Marmara）、愛琴海、地中海抵達埃及，以旭烈兀汗國為共同「敵人」的兩者進入同盟關係。

這個同盟得以迅速實現的背景，在政治環境之外，還有兩個理由。首先，別兒哥作為一位蒙古君主，幾乎是第一位熱衷於伊斯蘭信仰的人物。對拜巴爾而言，這很容易創造出以旭烈兀為「伊斯蘭之敵」的大義名分。當時的旭烈兀幾乎沒有伊斯蘭色彩。旭烈兀汗國明確向伊斯蘭國家跨出步伐，要等到一二九五年合贊（Ghazan qayan）成為第七代君主以後。

另一個理由是，欽察汗國和馬木路克王朝其實很相似。欽察汗國在拔都（Batu）西征後茁壯地發展，涵括了以當時的國際語波斯語來說「Dasht-i Qipchāq」即「克普恰克草原」的西北歐亞大草原以及當地居民突厥系克普恰克族大集團。從實際情況來看，欽察家的蒙古可以說是被吞進了克普恰克族的大浪裡。

欽察汗國在語言及人情方面，都急速地突厥化。之所以會將欽察汗國俗稱作「克普恰克汗國」，也是源自於其主要居住地與居民的名稱。

然後，埃及的馬木路克們大多數在廣義來講皆是出身自「克普恰克草原」。原來，拜巴爾自身是出身於庫曼族（Cuman）即克普恰克族。他在少年時代被應該是拔都西征軍之一的蒙古軍

大元汗國
合撒兒王族
斡赤斤王族
斡亦剌惕王族
北平王室
遼陽
弘吉剌王族
上都
哈拉和林
開城
高麗
日本
汪古王族
大都
臺一族領地
葉密立
海押立
別失八里
畏兀兒王族
阿力麻里
昆莫
額濟納
庫涅斯
哈拉火州
涼州
開封
闊端王族
安西王族
揚州
喀什噶爾
撒誅
京兆
襄樊
臨安
和闐
西平王族
鄂州
國
成都
南宋
拉薩
雲南王族
德里蘇丹王朝
大羅
陳氏大越國
占城
三佛齊王國

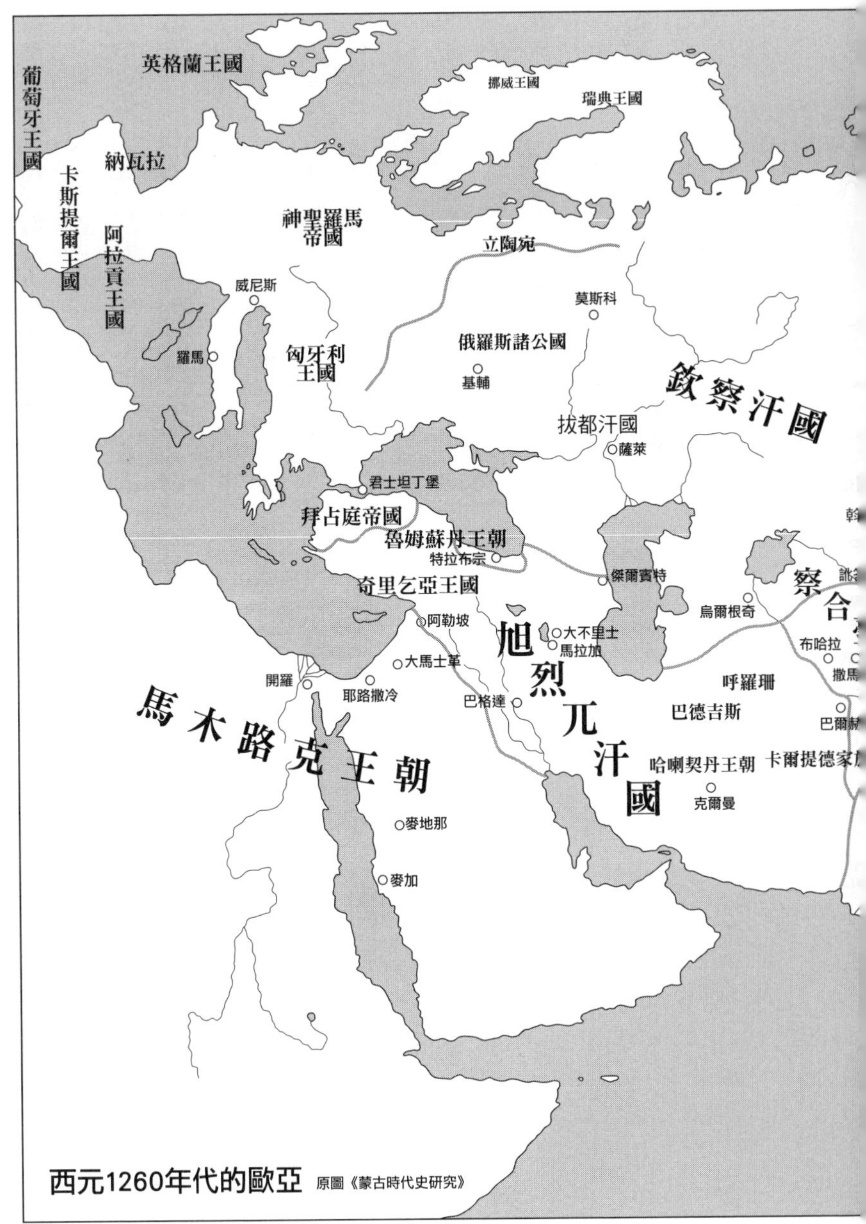


西元1260年代的歐亞 原圖《蒙古時代史研究》

隊所擄，經由奴隸商人之手，輾轉來到大馬士革與埃及。

要言之，這個窩瓦－尼羅同盟，散發著濃厚伊斯蘭色彩與克普恰克色彩。由於此一同盟，導致被南北包夾局勢所圍的旭烈兀汗國，還向歐洲．基督教世界尋求友好關係。甚至，還提出向敘利亞及埃及共同出兵的建議。如果這真的實現，在蒙古時代閉幕的「十字軍」歷史，照理說還會再加上幾頁篇章。

如此，歐亞西半邊一舉迎來了政治多極化的時代。早自「十字軍全盛期開始，放眼東方的歐洲君主、王侯們就為了自身的財富與權力，更使勁地展現自身力量。威尼斯、熱內亞（Genova）等義大利海上通商都市國家也巧妙地利用此一情勢周旋其間。與此相反地，在「蒙古恐怖」的時代，作為整頓歐洲基督教世界的唯一存在，控制神聖羅馬帝國皇帝使權力達於頂峰的羅馬教皇，急速地失去權威，在十四世紀初期迎來了「大分裂時代」。

「國際政治時代」真真正正來臨了。如此，以阿音札魯特之戰為界，當地的政局發生大轉變，歐亞在其西側率先進入了新的時代。

## 蒙哥的猝死

另一方面，東方以一二六〇年為頂點，產生了一系列大變動，並以空前未有的規模將整個歐亞世界捲入。

一二五九年八月，南宋親征中的蒙古皇帝蒙哥在炎暑當中，猝死於最前線的四川陣營。根據拉施特・哀丁（Rashid-al-Din）的《集史》所述，那是因為「瓦巴」襲擊了蒙哥親征部隊。所謂的「瓦巴」在阿拉伯語、波斯語裡頭指的就是「疾病」、「霍亂」等等。

此時，配置於蒙哥直屬部隊者，有相當程度因「瓦巴」而倒下。例如，在王室方面察合臺家族的權威人士喀答古赤・薛禪（Qadaqchi Sechen）就是如此。

四川地方濕氣很重，每至夏季便悶熱難耐。在蒙哥遠征軍陣中發生了某種傳染病，那應該是事實。只不過，已無法確定那是現在所說的霍亂或是痢疾。

亦有人稱那是十四世紀侵襲歐亞西方的所謂「鼠疫」或「黑死病」。其可能性固然不能完全否定，但就目前可以使用的文獻而言，尚無佐證的史料。

又有一說指蒙哥身負「箭傷」而亡。由於蒙哥太過靠近釣魚山要害的城塞，故遭到據守的南宋士兵狙擊。現在的四川尚留有相傳蒙哥療癒箭傷的場所。不過，中國向來都不乏這種傳誦在地因緣的故事。

反正，那都是人所創造、書寫的歷史。其真偽固然無法論之。但是，自古以來位於權力頂點者，而且是在最前線突然撒手人間的異常事態下，再怎麼樣都會被不可解且滿是謎題的部分所圍繞。尤其是蒙哥的猝逝，其身後立即發生的變動過於龐大，然後對於身肩下一世代的忽必烈而

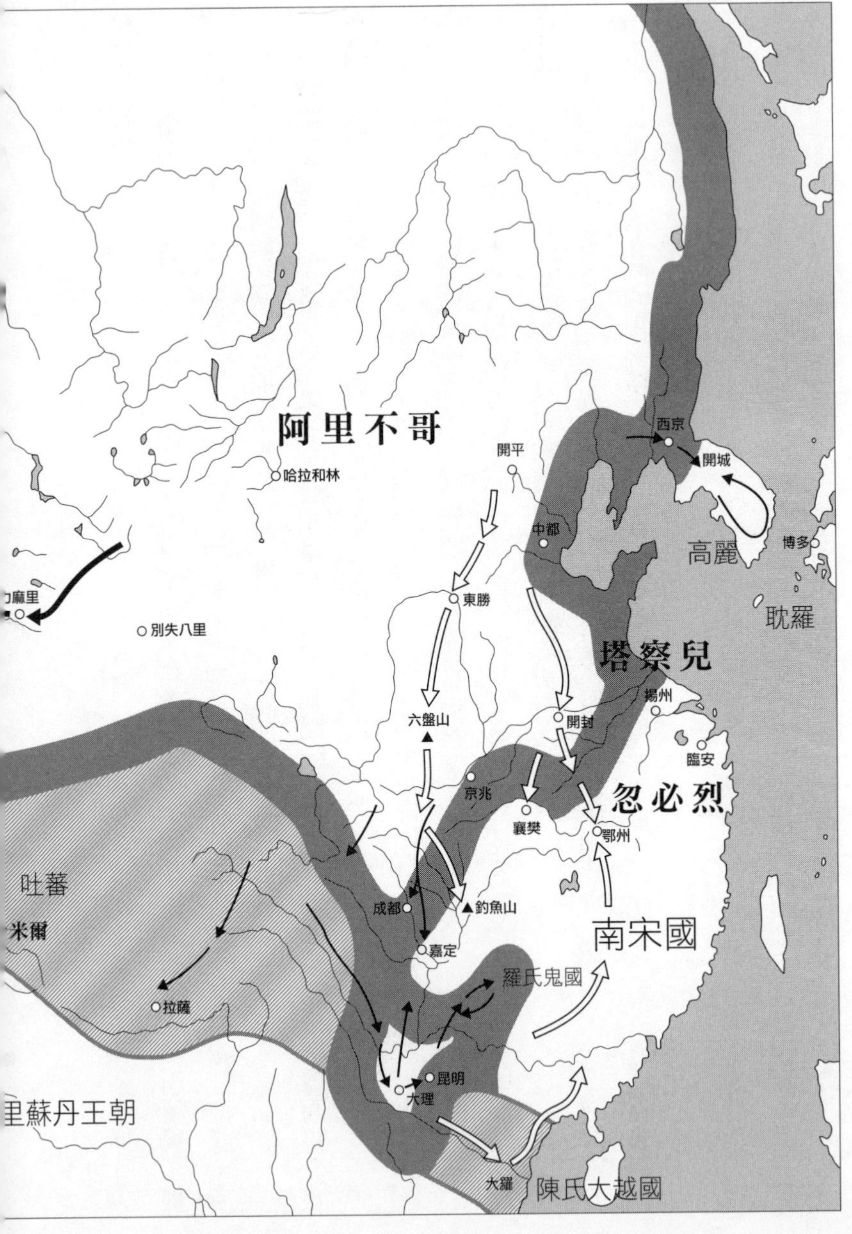
阿里不哥
開平
哈拉和林
中都
西京
開城
高麗
博多
耽羅
東勝
別失八里
塔察兒
揚州
六盤山
開封
臨安
京兆
忽必烈
襄樊
鄂州
吐蕃
成都
釣魚山
嘉定
南宋國
羅氏鬼國
拉薩
昆明
大理
大羅
陳氏大越國

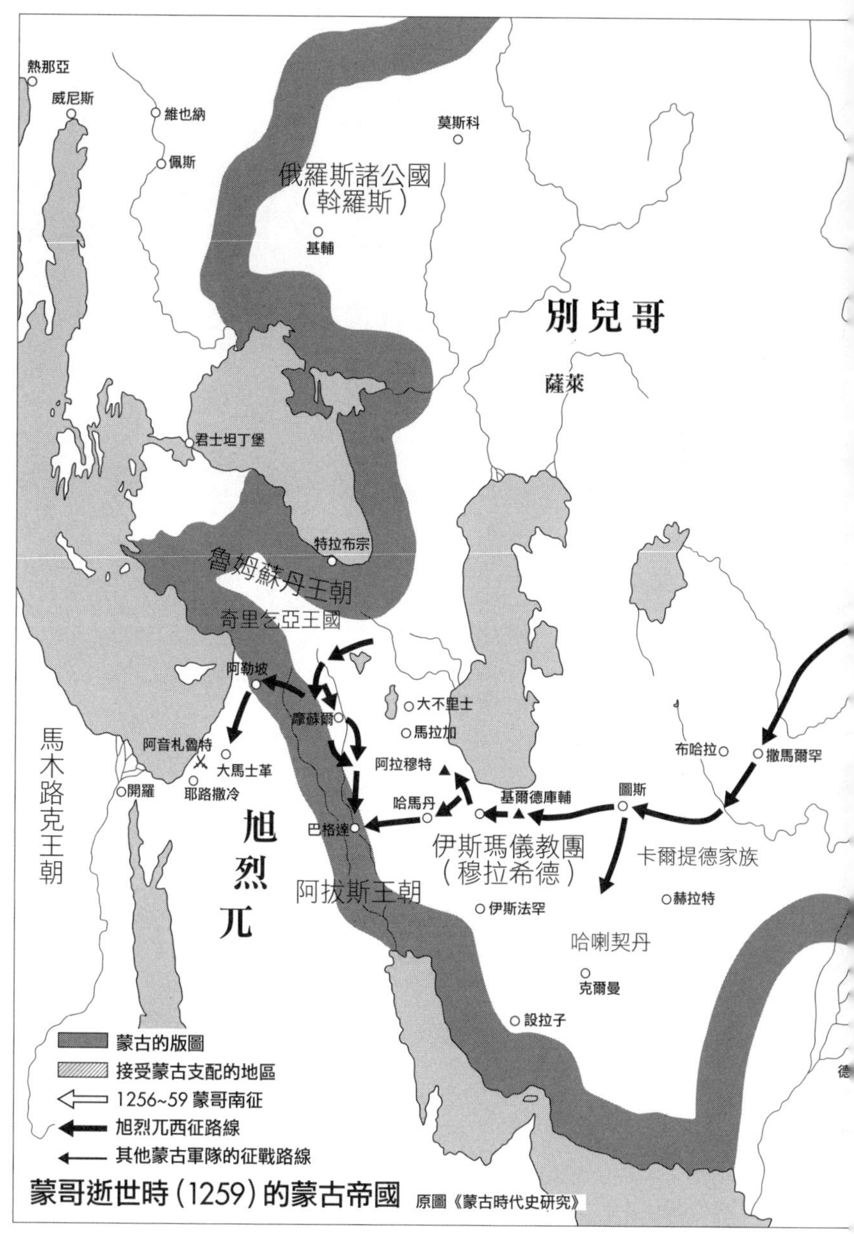


蒙哥逝世時（1259）的蒙古帝國 原圖《蒙古時代史研究》

言，又太過於幸運，就因如此其死亡的真正原因當然成為千古謎題而流傳。

無論如何，蒙古帝國在「敵營」面前失去了掌握偌大疆域唯一的一名大可汗。蒙哥生前一直盡力於將蒙古一度鬆懈的統治與控制，以稍嫌強制的作法與領導能力來使其恢復。正因如此，事到如今帝國反而更迎來了可能一舉瓦解的危機。

接著，在翌年的一二六〇年，成為了蒙古帝國全體，其內部大幅激烈振盪、動亂的一年。在這個動亂中，忽必烈嶄露頭角，為世界與帝國開啟了新的時代。只是其步伐滿是波瀾動盪。

最重要的原因是，那時他和兄長蒙哥不睦，一度被解除了經略東方的重責大任。其後，在表面上達成和解，一二五八年才剛以東路軍的主將身分再度受到起用。

不睦的原因有很多。那實在是根深蒂固並使蒙古的走向與世界的命運終於產生無法挽回的改變。我們在這裡必須稍微加以回溯討論。

# 2 忽必烈營帳

## 忽必烈的課題

忽必烈於一二五一年兄長的政權正式成立後，就被兄長任命負責蒙古本土以南遼闊的蒙古東方。忽必烈在翌月就立刻於離中國本土距離接近的內蒙古某草原設置本營。那裡被稱作「金蓮川」，位於蒙古高原的東南隅。

對忽必烈而言，蒙古東方的政治課題有些複雜，應該經略的目標有很多。首先是中國南方的大國南宋，以及雲南高原的後理國或其周邊被喚為「羌」的幾個集團。在雲南東側有一漢字寫作羅氏鬼國的高原地帶。這裡在蒙古語發音作「奇頭叩爾」，意即「鬼」之國，位置相當於現在的貴州省。「鬼」與「貴」，在漢語中發音相同，在明代中國的本土化展開時，被美化改成了「貴州」。

還有越南的大越國，當時為陳朝。另外，雲南高原南方相當於現在緬甸北部的緬國與越南南部的占城王國等等，說不定也納入了視野。窩闊臺時代置有軍隊，其後與蒙古若即若離保持曖昧關係的「烏斯藏」即西藏等等，當時應該都有釐清其歸屬的必要。

並且，在這個時間點上，有關高麗國方面尚不知是否被劃入忽必烈的權限內。更何況，關於日本國方面又是如何考慮的，也完全沒有線索。

不過，無論如何他們最大的目標都是南宋國。那是一個光看正式的政府人口登錄數字就達二八〇〇萬之譜的大國。之所以說「正式」，是因為一般認為還有相當數量的未登錄人口。擁有當時稱作「臨安」的首都杭州，其富庶與文化在歐亞應該都是首屈一指，規模、程度最大最高的。有許多疑問認為此時的歐洲對蒙古而言是否是一個無條件的魅力之處？相反地，江南的富庶無疑令蒙古嚮往不已。至今為止，蒙古既已幾度斷斷續續地朝南宋國展開攻勢。對忽必烈而言，南宋國的征服可說是至上的命題。

但是，如後所述，南宋立國的江南，是大河與湖水之國。再加上華北與江南之間又有許多幾乎無人居住的「空白障壁」。因此要從華北好好地對江南施加正面攻擊，是極為困難的。

## 混沌的東方

將眼光轉向「內部」，這裡也存在許多課題。首先，配屬在忽必烈旗下的東方蒙古人，個個都是有複雜背景的成員。

時當蒙古國家草創後四十五年，成吉思汗時代金國的中都（位於現在的北京西南）落入蒙古手中三十六年。此外，窩闊臺時代金朝終亡於黃河南端之地，作為其戰後處理的一環而進行的包含黃河以北地區在內的正式戶籍的登錄與謄寫也已經過了十六年的歲月。

經過了如此幾個階段所累積下來的權威及權益，複雜相以糾結纏繞的人脈與金錢聯繫。這些種種，在未經整理、依然混沌的情況下，一整個被扔到了忽必烈的眼前。

自成吉思汗以來，立於蒙古東方頂點的，是成吉思汗胞弟們三個王族及其所屬的汗國。那分別是次弟拙赤合撒兒（Jo’chi Hasar）、三弟合赤溫（Qači’un），然後是么弟鐵木哥斡赤斤（Temüge Od igin）為始祖的三個王族。

起初，由成吉思汗所賜與的蒙古牧民戰士人數為合撒兒家一千名，合赤溫家三千名，斡赤斤家八千名。不過，那是汗國創設時的人數，它恐怕當然會依據其後的自然增加與蒙古自身擴大所伴隨而來的各汗國之膨脹，使得其各自所屬人民的數量急速增加。

他們遊牧的主要領地限於蒙古高原東邊的興安嶺一帶。在成吉思汗草創期的王國中，往東方也就是南方即相當於左向。因此，這三位弟弟的汗國合稱為左翼諸王或是「東方三王族」。與此相對的右翼諸王，或稱「西方三王族」則是成吉思汗的三位嫡子朮赤、察合臺、窩闊臺諸子的汗國。他們的所在地起初限於高原以西的阿爾泰山（Altai Mountains）一帶，各自擁有四千名牧民騎士。其後版圖又往西方大大地拓展。

蒙哥及忽必烈的父親拖雷，則以蒙古傳統上么子繼承的慣例，與成吉思汗一同率領著控制

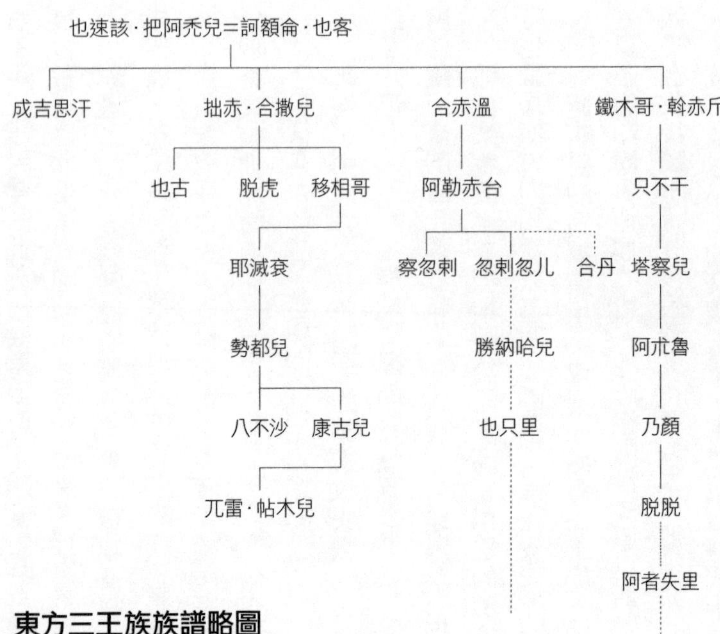


東方三王族族譜略圖

這一族在東西共計六個汗國的巨大中央汗國。其所屬的牧民戰士人數計十萬五千名。

其後所有蒙古國家的源頭就在其時如鶴大大伸展兩張翅膀一般，分為左、中、右向東西開展。據拉施特．哀丁的《集史》記載，那些牧民戰士們合計十二萬九千名。

這「東方三王族」與西方的三個汗國相比，有一個很大的特徵。那就是么弟斡赤斤的汗國異常地大。因此，這三個汗國以斡赤斤王族為盟主，時常採取一致行動。

將左右兩翼各三個汗國的牧民戰士分別合計，起初東西兩邊至少都各自有一萬二千名。很顯然地，這是成吉思汗考量到蒙古國家東西勢力均衡的結果。但是，察看其各自細項，西方的朮赤、察合臺、窩闊臺三汗國，每一個都是平等的四千名，東方三王族則有所不同，其全體的三分之二屬於斡赤斤家。其勢力天秤上的不同，大大地改變了東西兩邊一族汗國的群組在其後的發展，終於也改變了歷史的洪流。

一二五一年，在蒙古利亞東方要衝的「金蓮川」草原上，對於僅帶著少數部眾及一群策士就開進當地的忽必烈而言，最重要的內在課題就是與一族汗國中擁有最大勢力的東方巨藩斡赤斤家的關係。

雖說是「配屬」關係，但是他們是否會老老實實地與自己合作呢？只要進展到提攜關係，就不會怨言。斡赤斤家的動向，應該會如實地成為東方三王族所有的動向。

當時，東方三王族的勢力圈遠遠跨過興安嶺，幾乎覆蓋了滿洲全境。他們在高麗北境也保有權益，在被稱為燕京的中都東郊平州一帶及山東沿岸區域也為其領有。也就是說，能否成事皆取決於與斡赤斤家的協調。

此外，在東方三王族之下，有一群在蒙古左翼中具有勢力，被稱作「五投下」的五個軍事集團。他們的中心是札剌亦兒（Jalayir）國王家族。在成吉思汗西征時，他將中國方面託付予札剌亦兒族的股肱之臣木華黎（Muquli）代管，並於其下配置以「五投下」為主的軍團。「五投下」所餘的四個，是成吉思汗的正妃孛兒帖（Börte）的老家弘吉剌（Onggirad）駙馬家、成吉思汗的妹妹與女兒相繼出嫁的亦乞烈（Ikires），然後是成吉思汗在苦鬥時代，特別是在與克烈族（Kereyid）霸者王汗（Ong Qan）的戰爭中打前鋒的盟友兀魯兀族（Urud）與忙兀族（Mangγud）。他們在成吉思汗令下，與木華黎的札剌亦兒國王家一同在蒙金戰爭結束後，移封至蒙古高原的東南、華北正北區域，形成了大型的遊牧領地。

甚至，在「五投下」之下，還存在著既是蒙古又非蒙古的契丹軍團。其首領是曾為成吉思汗最高層的策士、軍事參謀的耶律阿海與禿花兄弟的家系。耶律阿海家掌控撒馬爾罕（Samarqand）與中都，耶律禿花家掌控相當於過去長安的京兆。此外，契丹系的軍團也有幾支在中國北方擁有根據地與勢力圈。其中，以石抹明安與石抹也先為創始者的兩個家系也具有勢力。

在更下一層，還有在華北各地自然出現的大大小小、各色各樣的在地武裝集團。他們其中有許多與蒙古的分權勢力各別保有關係，以蒙古的權力為後盾，具有管理、支配在地人們的「承包人」性格。尤其在金朝滅亡後，在蒙古政權的方針下進一步整頓統合。東平的嚴氏、益都的李氏、濟南的張氏、真定的史氏、保定的張氏等等，是其代表勢力。這些區域勢力逐漸地加深其軍閥化的色彩。

如此，蒙古東方摻雜種種勢力處於混沌的最盛期。環顧蒙古疆域全體，雖說在各地多多少少都有這種現象，但東方的錯亂尤其嚴重。忽必烈所來到的，就是處於這樣狀態的東方。

## 為何是金蓮川？

忽必烈選擇金蓮川草原作為經營東方的本營根據地，是有原因的。那一帶是札剌亦兒國王家族及兀魯兀部族的遊牧地。忽必烈名符其實地是凌駕於札剌亦兒國王家族之上。不過，原因不只是如此而已。

回顧歷史，在西元一一一五年以後的金朝時代，那一帶有兩座城市名為桓州及撫州。因此，金蓮川一帶的草原也被稱作「桓、撫之間」。上述的耶律阿海、禿花兄弟之父，是這個草原城市桓州的長官。石抹明安也是這個桓州的人。對於金朝時代被要求在內蒙古一帶散開、整備的契丹系諸軍團而言，這裡正是在地勢上相當於要害的草原，桓州與撫州在戰略及補給上的重地。然而，這個「桓、撫之間」，對金朝自身而言也不單只是邊境的草原爾爾。豈止如此，反而還是最重要的土地。

當夏季來臨，金王室就離開酷熱的中都及其周邊，來到大約相隔三百公里的乾燥高地。宮廷、政府中相當數量的人員及兵數甚多的近衛軍團，也追隨著皇帝大舉前來。為此而設的離宮與屯營地，遍布在草原各處。

那裡一方面是王室的避暑地，另一方面也是近衛軍牧養大量馬群、尤其是大型戰馬的夏季營地。望眼望去，草原一帶盡是王室與近衛軍的專用官有牧場。

要言之，金朝在冬季巡行中都，夏季巡行「桓、撫之間」。在夏季，此一休養地是「首都」。只是，這個首都不是「點」，而是「面」。

那不只是金朝而已。再往前回溯時間，契丹遼朝時也幾乎是一樣的。在遼代，這片草原也是遼王室重要的巡歷地，廣布著官有牧場。關於這點，還需稍加說明。

契丹遼帝國的首都是上京臨潢府。位於較此一草原還要北方的西拉木倫河（Šira Mören）北畔。所謂的西拉木倫河，意即「黃色之河」。因此，在漢字裡頭也譯作「潢水」或「潢河」。城市方面也面向潢水，是故稱作臨潢府。

但是，上京臨潢府大概是名目、名義上的首都，象徵的意義較大。如果說契丹帝國只停留在純粹遊牧契丹族政權的話，作為草原首都的上京臨潢府或許就足夠了。因為西拉木倫河一帶，對於因耶律阿保機才完成大統合的契丹族而言，是「祖宗發跡之地」。

然而，契丹帝國不是如此。他們連續壓制五代、宋等華北政權，領有所謂的「燕雲十六州」，從宋國那邊又以「歲幣」之名，每年接受內容為銀及絹的經濟支援，作為和平共存的代價。東吸收渤海，領有以肥沃遼寧平原為主的滿洲全境。

契丹遼帝國是當時東亞最強大的國家。組成群體除契丹族外，還有漢族、渤海遺民、渤海以外的女真族、朝鮮族，以及高原的突厥．蒙古系的人們，組成份子形形色色很是豐富。人們的生活方式也從遊牧、畜牧、農耕、漁撈到各種商工業，是內涵豐富、廣大的多種族國家。在東方的高麗、南方的宋朝治下，有各種物資、商品，從西方有天山與甘州兩個畏兀兒通商國家為首的各地商隊，分別來到這裡。

因此，光靠上京臨潢府是無法支持一切的。所以遼以區域為單位另置四個副都，其中特別重要的是南京析津府，位於中國本土東北的角落，也就是所謂的「燕」地。因為它在契丹帝國統治範圍內位在最南方，所以稱作南京。

此處在事實上負擔了大半以上的首都機能。南京析津府成為契丹帝國的正門玄關。契丹王室也頻繁地來到此。然後，一到夏季，就立刻往赴北方的草原地帶。

當時，那些地方稱作「旺國崖」、「炭山」。那以金代來說，是相當於「桓、撫之間」。並且，遼朝以降，作為東亞首屈一指國際都市而嶄露頭角的南京析津府，正是金代的中都。

## 一種印象

反過來說，金朝帝國也並非一開始就將中都視作首都，起初他們是以「祖宗地」滿洲北部松花江流域的上京會寧府作為首都。不過，後來就和契丹帝國的情況一樣，有所改變。

起初，金把宋往南驅趕後，在華北之地先擁立名叫張邦昌的人建立楚國，後又支持名為劉予的漢人建立齊國等傀儡國家。但是，在最後擊潰它們之後，北起黑龍江南至淮水的大範圍疆域都不得不直接劃入統治下。

就算是再怎麼想要主張女真族的本族主義和本地主義，要從北方偏僻之地上京會寧府統轄所有國土，究竟是不可能的。所以，將首都移至位在南北疆域正中位置，自契丹遼帝國以來就具有準首都傳統及累積的析津府，改名後稱作中都大興府，是很自然的發展。

如此，「燕」地之都「燕京」，也就是中都，雖然間有斷續，但實則已擁有長達三百年以上準首都及首都的長久歷史。而且，當此之際，還存在著和「桓、撫之間」的草原作可以說是成套使用的模式。這有很大的意義。

本來，成吉思汗在侵略金國長達五年之際，正是將大本營置於這個「桓、撫之間」以及周邊地區。接著，獲委任統治東方的木華黎國王家族，長達四代期間也一直駐營於此。此間，成為蒙古經營東方之據點城市者，無非就是燕京中都。

燕京地區和桓、撫地區這種合為一體的狀況，完全沒有改變。只不過，蒙古是將這種基本模式利用於「南進」。

忽必烈之所以會進入相當於「桓、撫之間」的金蓮川，就存在著如此長久的歷史背景。他會選擇金蓮川，並不是偶然的，而是具有明確意圖的選擇。

乍見之下，彷彿是忽必烈本身及其軍團無法完全離開蒙古高原，卡在其東南端的草原上。但是，其實那裡距離東亞數一數二政治要衝的中都很近，兩地彼此處於一種密切的關係。那裡是游牧世界與農耕世界的接壤地。在地勢上是連結兩個世界的要地，歷史非常悠久。所以，他的構想是，首先將金蓮川一帶作為遊牧軍事基地，從那裡牽制政治基地中都，進而將兩地作為核心地區以支配東方全境。

這是忽必烈對其任地即蒙古東方所作的第一個選擇。我們不得不說，忽必烈在作出將金蓮川作為經營東方作戰基地的選擇時，其胸中已經有一個清楚的藍圖及規畫。

# 3 忽必烈與他的策士

## 蒙古左翼集團

對於在兄長蒙哥即位典禮及其後接受東方委任命令的翌月，就火速趕至金蓮川的忽必烈來說，首先必須著手的是「建立組織」。

他與札剌亦兒國王家族之間，或許早就取得默契、達成共識，要不然就無法將軍隊開進金蓮川這個遊牧地。

歷史上認為，在這個札剌亦兒國王家中，於第四代速渾察之後繼承的忽林池（Qurmuši）是無能的。原本是由於其弟乃燕（Nayan）的強烈拒絕，蒙哥才放棄了指名有能力的乃燕，以乃燕輔佐為條件，認可由忽林池繼承。至少史料上是這麼解釋的。

忽林池是否真的無能，並不清楚。但是，其後忽林池作為一位札剌亦兒國王非常努力，在稍後發生的帝國大動亂中，也與忽必烈站在一起，在緊急關頭必定出面。然而，他從不高調張揚。

比較顯眼的是速渾察的弟弟霸都魯（Ba'atur）。他成為了忽必烈的參謀，並且不只是單純的參謀，而是最高階的副將，是股肱之臣。歷史上也認為，向忽必烈進言「燕雲之地」——即中都地區到大同一帶的遊牧與農耕兩個世界相接之處正應為帝都地點者，就是他。據說這是他暗自批評人在哈拉和林（Qaraqorum）的現任皇帝蒙哥構想將帝都設置在中亞河中地區方面的一段話。

姑且不論他究竟與「燕雲」帝都提案是否有關係，往金蓮川進駐一事，確實是沒有霸都魯就不會成案的。這是因為，霸都魯等於札剌亦兒王族現任君長的叔父，不只是其監護人，也是忽必烈的姻親兄弟。

忽必烈的正妻察必（Čabui）是成吉思汗正后孛兒帖出身的弘吉剌駙馬家的女兒。她的一位姊姊帖木侖其實就是霸都魯的夫人。並且，這樣的連帶關係中還存在著另一位更重要的人物。

那就是察必與帖木侖的胞兄，弘吉剌駙馬家的現任首領斡陳。也就是說，忽必烈擁有一位代表帝國最高姻親集團族長，以及一位在帝國東方佔首要位置的系譜集團的事實首領，兩位實力雄厚的連襟，這是很大的優勢。並且，搞不好這就是蒙哥將忽必烈委任於東方的最大理由。

斡陳所率領的弘吉剌駙馬家遊牧領有地，位於金蓮川草原正北方，在以湖水為中心的一帶廣闊開展。要言之，忽必烈是在兩位連襟所控有的勢力範圍下建立了大本營。

在靠近弘吉剌領地的東南方，是亦乞烈駙馬家的遊牧領有地。而剩下的忙兀族長家的遊牧地位於何處？從目前可以掌握到的史料裡頭無法導出結論。但是，忙兀族和兀魯兀族集團是成對的，是以其領地恐怕離金蓮川不遠。

忽必烈的金蓮川營帳是在五投下的全面支援下成立的。在那以後，五投下所有家族的領袖就成為一體，擁戴忽必烈，盡忠獻身地奮鬥。五投下將未來賭在忽必烈身上，並且幾近不可能地漂亮地成功了。

很清楚地，五投下從一開始完全和忽必烈一體化，當然是因為代表五投下兩大勢力的札剌亦兒國王家及弘吉剌駙馬家的意向早就確立了。甚至應該說，直率地觀察事態的話，五投下集團是主動地邀請、拉攏忽必烈的營帳到自身根據地來，大大方方地在最核心的位置上坐下。

當時，身為五投下盟主，自始以來就在蒙古東方有特別權益，處在一微妙立場的札剌亦兒國王家，獻上一切向新的權力者忽必烈臣服一事影響很大。這不僅對五投下，在其他東方諸多勢力帶來的影響也是無以計測的。契丹系的諸軍團也好，漢人軍閥也好，由於他們直接效忠的主人是札剌亦兒國王家，所以也等於是一齊依從於忽必烈。幾乎沒有任何一人抱有不服，這真的是難以置信。沒有大幅度的調整和斡旋，實在是不可能的。

札剌亦兒國王家真正是將賭注下在忽必烈身上，其目標在從不該被籠罩的衰運處境中脫身。那張王牌就是忽必烈的連襟霸都魯。

只是，那究竟是因為霸都魯本人在札剌亦兒國王家內部本來就確實是有實力者才如此呢？或者是在札剌亦兒國王家的總體意志下，霸都魯作為復活與再生的舵手，被推出檯面送到忽必烈身邊的呢？這已經超過目前史料能解釋的範圍了。雖說如此，從結果來看的話，木華黎家族是漂亮地達成了復活。只不過，這個復權與其說是國王家族，不如說是霸都魯家族還更站上了榮華的頂點。

作為其結果，忽必烈的金蓮川營帳在運作之初就擁有極為強大的陣容。在軍團方面，就算忽必烈自身的實力微弱，但以五投下為主的舊木華黎家組織下的蒙古軍團亦全數納入麾下。耶律阿海系統及石抹明安子孫們持續掌握政權的中都地區，也收入忽必烈幕府的旗下。當然，其下契丹系諸軍隊及漢人軍閥也進入到忽必烈營帳的系列之下。雜亂無章的諸多勢力，經過重新整頓慢慢地開始形成了巨大的金字塔。

如此，忽必烈營帳從一開始就無可否認地強烈地帶有「東方」色彩。從蒙古整體的平衡來看，則是一支太過熱衷於「東方」的班底了。與此成為對照的旭烈兀西征營帳，一方面採取將至過去以來伊朗方面諸勢力重整的形式，另一方面以蒙古本土牧民們一致提供的蒙古汗國的小型版為核心部隊，兩者完全不同。並且，這也成為後來各政權性格大大相異的原因。

## 謎樣的忽必烈

其時忽必烈三十七歲，較兄長蒙哥小七歲。然而，這個時候的忽必烈幾乎沒有什麼顯著可彰的特質或事蹟。

一直以來，世人都認為他從一開始就熱心於東方事務，或是說對中國文明懷著理解與憧憬等等。不過，此一認識極為可疑。本來，這種認識的根據就是來自於忽必烈成為世界帝王之後，那些漢族官僚們想自誇在即位以前就服仕於他的傳記書寫。若是如此，無論是誰，只要是和忽必烈同樣立場，應該就會有同樣評價。

忽必烈是一位奇特人物。身為一位蒙古人，卻能活到實在是極為罕見的八十歲高壽，本身就很奇異。並且，他明明是一位如此有影響力的歷史人物，但一直到三十七歲作為蒙古東方權力者登場為止，前半生卻幾不為世人所知，此事也很奇怪。

但是，忽必烈名實相符地成為最高權力者之後，對在其他歷史人物會作的，諸如妝飾自我的逸聞或造神、聖人化等塑造上，也完全不抱關心。他也不作那種意識到周遭與後世，要演技作秀的小聰明。這是一種至他子孫世代似乎都有貫徹的，完美的即物主義（譯注：質樸中肯與注重實際）。

有關忽必烈，其所有面貌至一二五一年開始清楚浮現。有關他的策士也是如此。其實最清楚的事實，就是忽必烈並不是像過去所說的只寵用漢族策士。

忽必烈所擁有的策士其實是由許多人種與份子組成，使用語言也紛然不同。但是，他們似乎幾乎都說蒙古語，至於他們是一開始就如此，或是後來才習得的，這裡就暫且不論。

有關此點，若是我們將語言的障壁過大視之，就會遠離於事實。當時的蒙古政權及其周邊，是不亞於現在任何一個社會、任何一個環節的多語言狀態，能通複數的語言非常正常。

那是一個想要習得無論是哪一種語言都不是那麼困難的環境，漢人策士們也很清楚地能通蒙古語。

在此就舉一個反映當時狀況的實例，就是皇帝蒙哥。根據波斯文的記錄，據說大汗蒙哥本身可以自在地使用數國語言，上至歐幾里得幾何學，下至古今東西諸學都能廣泛瞭解，是一位出類拔萃的讀書人。

順帶一提，一直以來人們都很習以為然地認為蒙哥是一位單純、質樸的遊牧武人，除了戰爭甚麼都不懂。但這是一種將忽必烈視作漢文化的理解者，較蒙哥優越的想法寫照，本身毫無根據。

無論是東方一決金朝滅亡的三峰山之戰，或是西方拔都西征時討伐克普恰克，蒙哥都在實際體驗中親眼看到東西兩側的歐亞大陸。彼時的蒙古原來就有人數相當，不亞於馬可孛羅的旅行者，更甭論是率領這些人群，指揮多種族世界帝國的人物。如果他真如一般所認知的單純、質樸，那恐怕是無法勝任的。例如在語言方面，也是與其透過口譯，不如自己來理解，才來得理所當然。

忽必烈究竟有沒有如蒙哥般的能力，並沒有明確的記錄。有關忽必烈，不管如何都還是以漢文史料為主。但是，所謂漢文記錄雖然令人非常佩服，但許是因為太過有文化傳統，具有一種動輒褒貶，極端傾向某一端的體質。在直率形容事實的需要上，未必能說適合。再加上，漢文又有獨特的價值觀。在有關與自身有同樣價值體系的事務上極為饒舌，對於其外的世界則容易變得冷淡。在某些文獻中，甚至有幾乎缺乏理解念頭的情況。

所以，忽必烈個人是否優秀，在史料上是無法理解的。只是，他的謚號以蒙古語來說是「sečen qayan」，——即「薛禪皇帝」，無疑是一位聰明的人物。並且，從略微掌握的材料來看，他甚好親手以畏兀兒文來撰寫書簡、任命書與指令書。

只要有事，忽必烈就頻繁與側近親信、策士們進行討論與協議，在綿密的分析、檢討後方下決定。他對側近與策士的信賴極大，只要一旦決定將何事託於何人，就會將責任托付到底，直至成敗見曉。而且，他對新資訊與新知識也非常地敏感。在發掘、晉用有能之士上亦求才若渴。

此外，一旦有必要，忽必烈就會立刻親自帶頭上陣。在七十三歲還親征、鎮壓叛亂軍隊，就是一例。說他是一位果斷的人，是不會錯的。

## 決策集團與實務部屬

忽必烈營帳的策士們，大致上可分為決策集團與實務部屬兩種。此外，從人種與職務分擔來說，另可分為五個集團。

首先，組成核心部分的，有以霸都魯為首及乃燕、忽林池的札剌亦兒國王家、弘吉剌的斡陳駙馬等胞弟納陳駙馬（Na in-güregen）、亦乞烈德雷給駙馬（Derekei-güregen）、兀魯兀的哈達庫郡王、忙兀的孛爾康（Balcon）等五投下，以及庫魯・不花、塔察兒（這一位塔察兒與前面提及斡赤斤王室或許兀慎族（Hü’üšin）同名者乃不同人物）等蒙古將官。所有事項皆由這些人士所組成的會議來討論決議。

既是忽必烈個人參謀，也出席於此一首腦會議者，有畏兀兒人廉希憲、燕真，女真族趙炳、趙良弼、粘合南合，漢族劉秉忠、姚樞等等。這些人物每一位都可說是忽必烈營帳的首腦班底。當然，他們皆擅長蒙古語。不可思議的是，契丹族的謀臣，至少在這個時期還未見顯眼的人物。

在徵稅、財務、兵站、輸送方面，成吉思汗、窩闊臺時期以來的財務官僚也對忽必烈營帳效忠合作。正式來說，他是被蒙哥派任為華北的稅務行政首席，派駐於中都。在漢文史料裡頭的稱法是「燕京等處行尚書省」。忽必烈營帳在秋深時節就會下遷中都一帶進行冬營。當然，吾人不該忘記還有一位經歷許多蒙古政爭仍生存下來的老練穆斯林馬合木・牙剌瓦赤（Maḥmūd Yalawāch），也成為忽必烈營帳的要人。

負責經濟事務的另一位人物，是出身於中亞河中地區的阿合馬（Ahmad Fanākatī）。他也是一位伊朗系的穆斯林。此人原來是在察必皇后娘家弘吉剌駙馬家中進出的御用商人，其後隨著察必的出嫁一同來到忽必烈身邊進而受到信賴。阿合馬是萬能型人材，在組織方面亦出奇擅長，其背後有巨大的穆斯林商人團作為支撐。他和作為蒙古人長大的漢族張惠等人，逐步並切實地在忽必烈營帳中組成經濟事務團隊。

另一方面，負責華北行政庶務的團隊，則以漢族為中心。屬於這個團隊的人們，幾乎都是劉秉忠與姚樞的人脈。他們每一位從漢族士大夫的角度來看，都是太過於偏向實學的人。光是如此，就可以瞭解他們是多麼能力優異與經驗豐富的人材。

此外，其餘還有一群在廣義來講可說是負責文化、宗教方面，不可思議的成員。例如，畏兀兒人的安藏能通梵語、西藏語、畏兀兒語、蒙古語、漢語等，也精通佛典等眾多東西方文獻，是位擁多語言長才的大學者。蒙古的歷史編纂亦在他指導下進行。王鶚與王磐則是將中華文明精華傳授給忽必烈的耆宿。還有，劉秉忠業師的佛僧海雲原來也出身自女真王室，被皇帝蒙哥指定為華北佛教界總主導的人物，他對忽必烈亦不惜效忠，給與許多智慧與指引。

雖說有這麼多的策士，但他們的組織與成員尚不充足、分工亦尚未健全。忽必烈不斷地在追加新的成員。傾聽所有的意見，加以取捨選擇，發掘、善用人材，令之適得其所，形成龐大的組織力量，這就是忽必烈。

## 對中國的戰略

忽必烈的金蓮川營帳，對於東方經略，特別是南宋國的戰略，很明顯地是以採取長期戰為前提。

首先，必須先鞏固華北的根據地。漢人軍閥們在表面上表現出對忽必烈營帳服從的態度，但其真實意向卻不清楚。為了重新組織漢人軍閥的勢力，一定要恢復他們的信賴。因此，他們在重要地點派遣忽必烈營帳實務派部屬的同時，也收攏了各地軍閥身邊的各色幕僚至忽必烈營帳裡。

強行突破「空白障壁」與「水的障壁」，從正面直接攻擊南宋國是危險的。因此，首先要在黃河至南方、淮水之間，建立軍事據點。在淮水下遊方面的亳州，擁立以順天府地區軍閥張柔為中心的漢人勢力。對於漢水流域的襄陽、樊城，令以真定軍閥的史天澤為中心來重新組織的當地部隊屯田於鄧州一帶。此外，在黃河下游一帶的邳州等各要衝裡，則令蒙古方面的軍閥旅顯、解汝楫及濟南軍閥張邦直等組織水師。每一支對蒙古而言都是好使的漢人勢力。

問題是與東方三王族的關係。有關於此，並無直接敘述的記錄。只是，從結果來看，雙方很明顯地是彼此拉攏、互相協調，分別進行作戰行動。

忽必烈花了整整一年才奠定金蓮川營帳的基礎，翌年一二五二年七月，他到哈拉和林近郊的幕營地造訪兄長皇帝蒙哥。在此，他被命令遠征雲南、大理方面，也就是說忽必烈的原案獲得了認可。

忽必烈營帳的作戰計畫，是在當下避免正面攻擊南宋國，而是形成大規模的包圍網。只要控制雲貴高原，就有可能在不虞糧秣匱乏的條件下由側面直攻南宋國。另一方面也可經由越南的大越國來進行北攻。

在這個雲南、大理遠征計畫的同時，蒙哥也下令侵略高麗國，主力是東方三王族。這大概是忽必烈營帳與東方三王族妥協的結果。如此一來，忽必烈就不會侵害到東方三王族的既得權益。而且，也採取了東方三王族部隊亦參與雲南大理遠征軍的形式，其中還包括新領土的分配。從蒙古整體的角度來看，在關於東方的兩方面作戰，是忽必烈與東方三王族合作進行的形式。與旭烈兀的西征有察合臺家與朮赤家參與策畫，在邏輯上很相符。而忽必烈營帳的戰略，甚至是更加巧妙的。

翌年八月，忽必烈就這麼踏上了遠征的旅途。他的步伐異常地緩慢悠哉。他們渡過黃河，在翌年一二五三年的夏天駐營於六盤山。那是二十六年前祖父成吉思汗撒手西歸之處。山麓間廣布的關中盆地一帶，在重新於帝國全境實施的戶口調查後，這一年剛成為忽必烈的私領地。這很明顯是為了遠征。

忽必烈夏營於高原狀似桌檯的六盤山期間，想必極為忙碌，因為遠征軍乃於此進行整頓。

另有兀良哈族（Uryangqai）的兀良合臺（Uriyanqadai）以副將身分率領精銳的純蒙古部隊而來。他是有名的戰鬥指揮官速不臺（Sübügätäi）之子。

速不臺在成吉思汗西征時，翻越高加索山攻進羅斯。在窩闊臺對金作戰時擔任攻陷開封的指揮。拔都的西征時，他對克普恰克及羅斯瞭如指掌，作為副官協助成吉思汗家的公子們立下大功、戰績顯赫。就如同成吉思汗麾下「四狗」之一的封號般，他與其家系總在成吉思汗一族所至之處，背負著如猛犬一般經常驅於最前線的宿命。

其子兀良合臺作為直屬拖雷家的耆老，在推戴蒙哥時為了駁倒反對派時的滔滔雄辯，於波斯文史料中也有所記載。和蒙哥親自參與的拔都西征時情況相同地，自猛將速不臺以來極致強力的戰鬥集團可以說是作為王牌，與兀良合臺一同借給了忽必烈。在現實上，我們或許應該說兀良合臺才是主將。

成為忽必烈私領的京兆府（即長安，位於六盤山附近），是耶律禿花家所率之契丹軍團的主要根據地。其族長朱哥舉旗下諸軍團之力誓命效忠。另外此時也首次吸收陝西契丹軍團。

甚至，在正西方涼州平原的闊端（Köden）王族也派來了使者。闊端是窩闊臺次子，他雖曾在原本的西夏之地建立「汗國」，但在參加兄長貴由（Güyük）即位儀式後，就得病逝世。有一說指是遭貴由的母親脫列哥那（即昭慈皇后，Döregene）呪殺而死。他的兒子們與貴由一派斷絕關係，協助蒙哥即位。

一二五三年左右的闊端家族長，應該是滅里吉歹（Mieli Jipai）。現在的陝西省西安市西郊，有一座與鳩摩羅什具有淵源的草堂寺，以十三世紀時的面貌佇立，附近有這個時期達於全盛的新道教全真教祖寺大重陽萬壽宮遺趾，僅留下石碑的碑林，等待有緣人的造訪。在這個佛教與道教的據點裡，現在仍存有著許多蒙古時代的碑刻。其中也有闊端與滅里吉歹長達二代所頒，刻有保護這個佛寺與道觀令旨的碑文。據此，可以瞭解到至少在忽必烈被任命委任東方的一二五一年為止，闊端王族地位高於以耶律禿花家為首的諸軍團，在陝西省一帶擁有權威勢力。

就闊端家而言，他們必須與被加諸於自身之上的新權威者協議。陝西不消說，包括作為自身主要據點的甘肅或闊端以來屢次派兵的西藏高原在內，究竟要如何處理呢？因為忽必烈遠征軍是經由西藏東部來進行南征，是故更應加以考量。

自闊端家派來的使節團中伴有稀客。那是西藏佛教諸派中薩迦派的中心人物的薩斯迦班彌（Sa skya Paṇḍita）。還有一位是舊西夏國大臣之子，闊端家政治、文化、宗教顧問的黨項人（Tangut）高智耀。

在此可以確認闊端家與忽必烈營帳之間的提攜關係。年輕的西藏佛僧八思巴（'Phags pa）在忽必烈的旗下尋得了在華北、西藏兩地區的宗教權威之道。此外，作為有髮佛僧亦通儒者，作為舊西夏國人亦知曉蒙古、西藏、中華情況的高智耀也由於與忽必烈這個新的權威者搭上關係，得以在更為寬廣的舞台上，展開有如變色龍一般複雜奇異的政治、文化活動。

在盛夏時過的九月，已經完成部隊編制的忽必烈遠征軍，途經西藏東部，一股作氣地往雲南高原進擊。那是一場幾度渡過幽深山谷，跨越遙遠山河的長征。蒙古軍的進攻很迅速地就在十二月攻下了位於洱海之畔的後理國首都大理。

然而，忽必烈在此將善後事宜託付給兀良合臺，自已則火速回朝。翌年一二五四年，忽必烈在六盤山度過夏天，該年冬季在蒙古本土向蒙哥作完報告之後，一二五五年返回金蓮川後就定下身來不再移動。另一方面，翌年一二五六年，以漢人參謀劉秉忠的設計為底的草原城市——開平府，就在金蓮川一帶進行築城。

自此時開始，他和兄長蒙哥的關係就突然變得奇怪尷尬。此一兄弟對立過程在史上廣為人知，但有關其原因則眾說紛紜，其真相未有定論。

蒙哥政府對其私領地京兆府進行會計監查，忽必烈營帳派遣過來的漢族實務部屬有數人遭到處刑或放逐。有一些看法認為，此事可看出蒙哥不滿忽必烈過度吸收中華文明。但是，這裡更可疑的是，有記錄顯示忽必烈與兀良合臺在雲南遠征途中不和一事。

就如其後親征南宋作戰時一般，蒙哥在此時很明確地是盼望短期決戰。遠征雲南也是因為瞭解到從華北方面正面進攻相當困難所致，忽必烈早早班師回朝，說不定也可以看出是一種放棄了自雲南進攻南宋的態度。就兀良合臺而言，比起忽必烈，他應該是更必須對蒙哥效忠的。

更何況，從雲南歸去的忽必烈，也完全致力於經營華北，看不出有甚麼計畫全面進攻南宋的跡象。忽必烈營帳的基本戰略，是否獲得大汗蒙哥的承認？此點大有疑問。忽必烈方面說不定也是一方面瞭解到蒙哥的意向，一方面又巧妙地推辭事態，而作得太過頭了。

# 4 奪權的過程

## 鄂州之役

一二五六年夏天，蒙哥決意親征南宋。那其實是很果斷的抉擇。並且，他立即就任命斡赤斤家的塔察兒為主將，令其率領以東方三王族與五投下為核心的左翼軍團開拔到襄陽、樊城。他自己則在翌年率領中央軍隊，計畫由六盤山攻入四川。幾乎已經完成雲南方面攻略的兀良合臺部隊，則扮演全體右翼軍隊的任務，預計由南宋國的側面或背後進攻。

忽必烈與金蓮川營帳的想法完全遭到否定。成為金蓮川營帳主力的五投下，從忽必烈身邊被隔離開來。京兆地區一被查抄，忽必烈的權益也幾乎被沒收，可以說被逼得走投無路。

然而，有一件意想不到的事件發生了。翌年一二五七年，塔察兒旗下的左翼軍隊在按照原定計畫到達襄陽、樊城後，僅進行為期一週的包圍，其後就輕易地放棄攻略收兵。

並不清楚其原因究竟為何？然而冷靜想想，忽必烈營帳之所以採取慎重的態度，必有其理由。這個撤退，證明忽必烈營帳在當時決定是對的。再加上，以塔察兒為主應為帝國頂尖的強力軍團的東方三王族與五投下又缺乏戰意。

對於排除胞弟忽必烈而御駕親征的蒙哥而言，自初戰開始就遭逢失敗，這成為一個很大的衝擊。親征作戰計畫的關鍵，在於塔察兒的左翼軍隊。蒙古本軍原本打算由左翼軍隊壓制漢水流域，進一步從長江中游牽制下游，然後自身再慢慢地往前推進。然而，作戰計畫事實上瓦解了，這當然令蒙哥震怒。

這次換塔察兒被排除掉。正離開蒙古高原在南下途中的蒙哥，此回又再次速斷速決，也就是再度起用忽必烈。但是，卻不是採用忽必烈營帳的基本戰略，而是期待忽必烈照原訂採取短期決戰的方針，代替塔察兒發揮作用。

忽必烈採納了霸都魯與姚樞建議妥協的意見，前往蒙哥的行營地。據說相隔三年才相會的這兩位兄弟，含淚相擁。但是，作戰計畫並無太大的改變。有關解體的左翼軍隊，他們提出了修正案。從主將位置被更迭下來的塔察兒，領著東方三王族的軍隊，越過「空白障壁」朝東南而下，向淮水下游的荊山前進。據說忽必烈竟然是要直線縱斷「空白障壁」北方，前往長江中游的鄂州，那裡是與由南方縱斷南宋領域的兀良合臺軍隊會合的地點。

對於不論是塔察兒或忽必烈來說，那都是窒礙難行的修正案。這是明知要從北邊強攻南宋非常困難的前提下仍執意執行的命令。也就是說蒙哥並未反省，他對於作戰本身流於鑽牛角尖，完全不打算從根本來重新訂定計畫。

蒙哥是太過強勢了。就他個人而言雖然很有才能，但作為一位帝王來說，思慮則有欠周詳，過於重視自我的面子，也許是因為對自己的才能與手腕太過抱有自信，而且對自身以外的人又太過冷酷刻薄。

在修正案裡頭，塔察兒和忽必烈都可以說等於是被命令要前往「死地」。另一方面，蒙哥自身則以準備周全的六盤山與京兆為基地，打算前往蒙古已有幾度展開攻勢經驗的四川。

蒙哥當然有其大義名分。塔察兒的攻擊目標是南宋的兩淮制置司，忽必烈的目標則是京湖制置司，而蒙哥自己所負責的則是四川制置司。由於南宋國在其北境配置了這三組大軍團，所以各自展開攻略的名分是成立的。

但是，蒙哥這個乍見之下看似巧妙的新作戰計畫，卻潛藏著對蒙哥自身而言極大的陷阱。那就是在行動日程上，皇帝蒙哥自身曝露於敵陣最前方一事。另一方面，忽必烈與塔察兒既不能立刻出擊，也沒有這麼作。事態演變成只有蒙哥本身必須作戰。

忽必烈在會談後一度回到金蓮川，湊合手邊現有的兵員就出發了。那是一二五八年十二月二十七日的事。蒙哥在這年秋天起就開始侵攻四川。塔察兒所率領的東方三王族為了要和成為右翼軍隊主將的忽必烈會合，北上前往忽必烈私領之一的河北邢州。會合在翌年四月完成。

忽必烈將整個軍團駐營在山東西半側大軍閥嚴忠濟勢力圈的正中央，距離其中心城市東平很近的「曹、濮之間」，——也就是曹州和濮州之間，度過了一二五九年夏季。總而言之，忽必烈是闖入了華北一帶最危險也最大軍閥的勢力範圍內。他在這裡與各股漢人軍閥勢力談好條件，得到他們全面配合的約定。

如斯，軍團編組與糧秣補給得到某種程度保障的忽必烈，在秋日下渡過黃河，開始踏出為了要縱斷巨大「空白障壁」的步伐。接著，時當九月，就在忽必烈將要跨過淮水時，正在蒙哥本隊從軍的異母弟之一，對忽必烈而言則是乳兄弟的末哥（Mukha）派來了一位密使。那位密使送來皇帝蒙哥已經逝世的訃報。

在拉施特．哀丁的《集史》裡頭，記載著忽必烈與霸都魯的密談。霸都魯所獻上的策略是，按照原定作戰計畫南下。根據忽必烈漢人策士之一的郝經所言，正當他們在渡過淮水北方汝水的汝南之地，傳達蒙哥駕崩消息的正式使者抵達。這裡召開了漢人策士們也參加的緊急會議。郝經本身是建議「班師之議」，也就是撤軍回朝，但會議最後的結論卻是往鄂州前進。

對於才剛剛和兄長蒙哥消解不和的忽必烈而言，一考慮到即將來臨的帝位繼承問題，與其北返，不如按作戰計畫南下，才比較有利，這在名分上也可以表明自己要繼承蒙哥遺志的立場。而且，只要渡過蒙古全軍皆懼的長江，那印象將更加強烈。因為，這樣一來他就等於是自願成為犧牲的那顆棋，擔任散落在中國大陸各軍隊的殿軍。而且，也可以將過去不和的兀良合臺所率右翼軍隊從敵陣中救出。而且，現實上如果馬上遣返北方的話，這支特地組成的大軍團，大概會立即解體四散。如果帝位必須以武力爭奪，那麼還是將這支大軍團握在手中較好。

如此，就形成了史上有名的「鄂州之役」。戰鬥本身並沒有什麼大不了的。但是，這個戰役所具有的意義很大。那就是在此交會的忽必烈與賈似道這兩位雙方陣營的主將，皆藉此一戰役躍昇為蒙古與南宋的實權者。

## 忽必烈之亂

將忽必烈這個擔任南征的輔助部隊，強渡長江包圍鄂州的壯舉看在眼裡的蒙古方面諸勢力，既驚訝又佩服，逐步聚集到忽必烈身邊。而且，率領東方三王族大軍團的塔察兒也決定要合流。可以說忽必烈與霸都魯下的賭注賭中了。

整個情勢開始流向忽必烈這邊。如果是這樣，就沒有必要再拘泥於鄂州了。霸都魯表示自己將留下等待兀良合臺軍隊，催促忽必烈北返。是時候了。忽必烈向以塔察兒為主的諸軍隊表達北返之意。如此，忽必烈諸軍進行了「大迴轉」。忽必烈自身也率著輕騎，自漢水流域經由襄陽、開封北上。他的目的地是中都。

西元一二六〇年一月十日，到達中都的忽必烈，呼喚屬於自身一派的諸軍集合。有如雪球一般迅速膨脹的忽必烈派，到了四月就北上開平召開庫力臺大會。忽必烈在此成為新皇帝，其時四十六歲。

另一方面，阿里不哥主持蒙哥的葬儀等等，在首都哈拉和林按正當程序召開庫力臺大會而即位。帝國的主要人士其實都是參加這邊的會議。忽必烈既沒有出席兄長蒙哥的葬儀，還在對蒙古而言並非首都的開平，集結自身派系而即位。

有一件事可以簡單指出誰在當時才被認為是正統的大汗。那就是當時沒有直接涉入此一紛爭的欽察家態度。當時的族長別兒哥發行了刻有阿里不哥姓名的錢幣。這就是阿里不哥才是第五代大汗的確鑿證據。

作為此一紛爭的結果，趁其時混亂建立政權的旭烈兀汗國，當然是處於必須要視忽必烈為正統的立場。但就算是在當地編纂而成的《集史》裡，有關阿里不哥及其血脈，都不得不作特別處理。在一般見解中的「阿里不哥之亂」，在現實上是「忽必烈之亂」。

但是，正統性與否另當別論，帝位歸屬是以武力來決定的。擁有以東方三王族與五投下為中心的左翼勢力形成大團結的忽必烈陣營，實力較強。阿里不哥只是一位空頭現任皇帝，除了妻子娘家的西北蒙古利亞瓦剌族（Oirad）以外，就缺乏可以相挺的執政勢力。

帝位繼承的戰爭為期四年，結果阿里不哥及其政府走投無路向忽必烈投降。忽必烈政權是以帝國東方的左翼勢力為基礎的軍事政變政權。此一背景決定了蒙古帝國及世界命運的走向。

## 世界史的大轉向

在帝位繼承戰爭造成的紛亂期間，蒙古帝國內部除了忽必烈的大可汗政權以外，還有歐亞西北的欽察家、中亞的察合臺家，以及西亞的旭烈兀家，他們各自都擺出自立的態勢。蒙古帝國史研究者傑克遜（P.Jackson）重視大可汗政權與旭烈兀，以及與之對抗的欽察汗國以及中亞方面窩闊臺、察合臺聯合勢力的這個對抗模式，將之解釋為蒙古帝國的解體。

但是，將此斷言稱作解體，是有些過於大膽。雖說如此，至少在過去以來，所謂「帝國的分裂」想法都是很一般的。不過，如果按照原本面目來重新審視事實，連上述的「分裂」稱法都很難不叫人認為是遠較現實還要誇大的估量。

例如，若是我們將忽必烈時代所發生於蒙古內部的幾場「戰爭」，回到原史料來重新檢討的話，就會發現與預想相反地，幾乎沒有發生彼此之間的殺戮。那是近乎於「戰爭」之名的論爭，並沒有流多少血。蒙古不會殺害蒙古。那是蒙古帝國這個共同體的特徵。

一般來講，對忽必烈反抗最激烈的，據說是窩闊臺家的海都（Qaidu）。然而令人驚訝的是，就連這位海都，實際上也沒有和忽必烈直接對戰過。海都並未否定大汗忽必烈。一直以來，宛如理所當然一般，海都也是重要成員之一的一二六九年塔剌思（Talas）會盟，被視作是海都被選為大汗的庫力臺大會。但那完全沒有根據。所謂的「海都之亂」或是「中亞四十年戰爭」，也有很強的先入為主傾向。

實際上，蒙古帝國中的內鬨頂多只是爭奪主導權而已。例如，就算是被認為最早自立的欽察汗國，要等到它具備可以稱為國家的內容與體裁，也是十四世紀以後的事。過去以來，我們動不動就太過於套用西歐式的那種強固又嚴密的國家印象。歐亞，特別是在內陸地帶興亡更迭的諸多政權，其實際情況更加曖昧模糊，輪廓不定者很多。就算如此，它們也還是政權，是國家。總而言之，我們的所謂「國家觀」才是最大問題。我們應該要以誠實且直率的方式，再一次地重新加以掌握，使之可以合於歷史多數的現實。

有關蒙古帝國，我們亦太過於將他們這種在同一架構下活動的人類集團所造成的表面上對立，用一種近現代的感覺整個囫圇吞棗地照樣接受，完全當作是一種不同國家或民族間的對立與抗爭。但那是一種過度的想像。如果，在蒙古帝國內將吃人或被吃等熾烈對立當真，那麼像是有名的驛傳等等連結歐亞東西的交通卻還沒有斷絕，那就奇怪了。就事實來講，我們看不到那樣的跡象。

自成吉思汗草創期開始，蒙古就是一個聯合體。權力的多重結構，是貫串蒙古帝國的極大特徵。那並不如過去以來所言，是從忽必烈時代才開始的。

當然，蒙古帝國由於那場以一二六〇年為頂點的紛亂，的確是無法再像過去那樣，合帝國整體之力進行大遠征。再加上，忽必烈政權一方面保持大可汗的宗主權，現實上淪為「東方帝國」也是事實。不過，另一方面，帝國全境裡頭的大可汗還是只有忽必烈一人而已。只有他的命令，——「jarliγ」意即「指示」，和其他君主或諸王以「üge」即「話語」來形容的命令，是可以很明確地畫出清楚界線的絕對命令。這是真確不駁的證據。要言之，所謂蒙古帝國這個體系，可以說是根本無涉於表面上的不和與對立而繼續維持下來。

若如傑克遜所說，蒙古帝國真的是「解體」了的話，那麼十四世紀以後以蒙古為中心的歐亞大交流，究竟又該如何解釋呢？

以一二六〇年左右為界，蒙古帝國開始變身成為一個，在其內側背負種種對立的同時，大可汗的中央政權外有幾個複數政治權力核心的一種鬆散、多元複合的聯邦國家。蒙古自身也進入一個嶄新的時代。然後，歐亞世界也被導向一個以多極化的蒙古為中心，各別的區域、國家、集團的自他區別開始覺醒，進而活動並互相提攜的新時代。那是人類史上未曾明確經歷過的局面，也就是說世界史大大地轉向了。

# 第三部　忽必烈的軍事與通商帝國

# 1　大建設的時代

## 以何為國家之範

如前所述，蒙古帝國已成為以「大可汗的汗國」忽必烈帝國為中心，再由其他汗國圍繞的雙重結構。由於各別一族的汗國都擁有可以稱作是帝國的規模，因此這種結構可以看作是在宗主國忽必烈帝國以下有數個帝國集團，其整體構成蒙古的世界聯邦。

忽必烈想要創造的是一個適合作為新時代世界聯邦中心的新國家。那麼，在企圖創造新國家的忽必烈之前，歷史上是否存在著能夠作為模範的國家或政權呢？世界上究竟是否真的存在可以對應的先例呢？

忽必烈在即位後較過往更加熱心且不問人種地召集策士及政治顧問，致力於從所有的國家、地區聚集可以對應於所有「文明圈」的智囊團。因此，忽必烈若是要蒐集整理在過去興亡的國家與帝國模式的相關資訊及判斷材料，理應無太大困難。

例如，有一位奉仕於他的漢族官僚名叫王惲。這位在中國史上首屈一指的記錄魔人王惲，自身以日記風格寫下有關忽必烈「即位」後政權及其周邊的見聞，為我們保留了珍貴的記錄。根據這本《中堂事記》，忽必烈在與阿里不哥對戰的情勢混沌未明之中，下令要詳加比較過去各種國家的制度、典範、機構。

用王惲的寫法來講，其內容主要是有關於「漢唐」國都的計畫以及種種政治、行政、經濟體系，甚至是國家典範及其理念的。對忽必烈而言，王惲是負責中華文明文化、行政相關工作的一人。是以，他自身所見聞、體驗的忽必烈政權種種事務，無可避免地會受限於這些層面。

但是，就算同樣是漢文的記錄，看看作為蒙古及畏兀兒著名將官及臣僚個人記錄的碑誌、傳狀等文獻，可知忽必烈自那時起就令蒙古及畏兀兒策士們，舉古今東西之例來爭論政權論、婚家論等等議題。王惲的證言只不過是在結果上傳達了事實中的一部分而已。

這裡有趣的是，至少在漢文裡頭，幾乎都無法確認他與穆斯林官僚作過討論。但是，從客觀情勢或其後的事實發展來思考，就可以瞭解到沒有記錄不等於沒有事實。

一般而言，這個時代的漢文史料，都惡意地沒有針對穆斯林官僚及商人們留下記錄。對於蒙古支配的怨念與恨意，至少在記錄上而言，可以說幾乎都集中在穆斯林上頭。那可以說是來自於「文明意識」與價值觀差異的「穆斯林過敏症」。

其實，在現實面上擔當忽必烈國家建設事業大半者，是阿合馬（Ahmad）、賽典赤·贍思丁（Sayyid Ajjal）、阿里別（Ali Beg）等等穆斯林經濟官僚們。忽必烈在與他們鑽研種種構想時，要說都未涉及有關伊斯蘭國家與社會的議題，那才真的是奇怪。而且，蒙古早在成吉思汗時

大元汗國
合撒兒王族
斡赤斤王族
斡亦剌惕王族
北平王族
應昌
遼陽
上都
哈拉和林
鎮海城
開城
大都
汪古王族
葉密立
昆勃庫
高麗
別失八里
畏兀兒王族
耽羅
昆莫
哈拉火州
額濟納
涼州
南京
揚州
撒誅
闊端王族
開成
臨安
安西王族
京兆
襄樊
西平王族
鄂州
成都
南宋
拉薩
丹王朝
大羅
陳氏大越國

西元1260年代的蒙古帝國 原圖《蒙古時代史研究》

代就與伊斯蘭世界有很深的聯繫。因此，在資訊和見識上想必都沒有甚麼不暢之處。

同樣的現象，也可以套用在關於歐洲的見識方面。如果說忽必烈關於發源自古代羅馬帝國的拜占庭或西歐各國的相關資訊和知識上都沒有涉獵，反而才是奇怪的。而且，各個蒙古汗國不只是資訊蒐集，他們對這些資訊的彼此分享及提供上，也極為熱心。

本來，有關歐洲的資訊方面，最晚一二四六年以後，就持續在蒙古政權下有所累積。一二四六年貴由（Güyük）舉行即位大典時，在歐洲擁有絕大權力的羅馬教宗英諾森四世（Innocentius IV），就以正式使節身分派遣了若望．柏郎嘉賓（Giovanni da Pian del Carpine）前往參加儀式。其時，柏郎嘉賓敘述了有關歐洲的種種實際情況。這些來自歐洲的訪問者，包括蒙哥時代的魯不魯乞（Guillaume de Rubrouck）在內，在往後也不絕於途。

甚至，早先於此就展開的拔都西征，應該也是一個蒐集歐洲資訊的機會。就忽必烈的側近而言，姑且不論馬可孛羅一家究竟是否真實存在，但曾經有過類似《見聞錄》基礎之經驗的歐洲人有相當數量進出於忽必烈的宮廷，則是事實。忽必烈應該也從那些人的口中聽取了有關歐洲的狀況。

吾人可以確認，忽必烈是處在一個可以匯集過去以來的古今東西方知識與見聞，並加以檢討吸收的環境。所謂「蒙古」就是這麼一個具有「世界性」的政權，蒙古時代也就是這麼樣的一個時代。但是，對忽必烈來說，是不是到頭來還是沒有一個可以依樣作為國家理念模範的先例呢？

所謂一系列的「羅馬帝國」模式，雖然理應不會就這麼產生助益，但在物流體系或經濟機構等方面，則十足有作為參考的可能性。

伊斯蘭國家的模式也是如此，除非是將伊斯蘭本身作為政權來全面引入，否則就沒有意義。雖說如此，在政治、經濟、社會的任何一個體系上，所謂不太抱持排他性，對異邦人也採取開放的這一點上，應該是值得參考的。不只不拘泥於人種，在宗教方面，伊斯蘭在一個國家、社會中也同時存在他者，但絕不加以排斥的樣貌，想必成為參考的要點。並且，特別是在有關財務機構上，可以說是如假包換地將伊斯蘭中東的傳統與作法引進來了。

中華帝國的模式，姑且不論財務及經濟面，對忽必烈而言，遠較前兩者要來得有現實性。不管怎麼說，中華帝國是擁有一個作為巨大帝國機構的長遠傳統與經濟累積的。再加上，這個模式對於特定的意識型態或是宗教，又幾乎沒有極端的拘泥或偏向。

當然，「華夷思想」或「中華主義」的獨特價值觀又是另當別論了。但是，自蒙古完全地成為中華的主人以後，「華夷思想」看在蒙古人眼中大概只是一種漢族士大夫及官僚等人的怪癖。另一方面，「中華主義」本來就具有容易向支配者一方靠攏的體質。

極端來說，中華帝國的本質就是龐大的軍隊與官僚體制，以及用以支撐，以地方組織為名的徵稅機構，還有彼等人事的中央管理，此外尚有作為那種種結果的巨大中央機構與首都。這些

「硬體」的層面，對忽必烈那個嶄新的巨大國家構想而言，無疑是一極為有益的參考案例。

尤其是，那巨大的中央機構及牢固的行政組織，一直以來是包括蒙古在內的諸多草原帝國最為欠缺的一點，而忽必烈大大地將之引進。特別是在有關中國本土的統治上，雖然並非照舊，卻也將中華帝國模式加諸應用與調查來予以適用。作為其結果，忽必烈國家確實在一個層面是披上中華王朝的外衣。然而，那大多只是外觀上的面貌而已。

回過頭來說，另一個遊牧帝國的模式當然也會映入忽必烈眼簾。特別是橫亙中央歐亞東西，坐擁相應雄偉版圖的契丹帝國，更是其先驅。蒙古時代的中國將中亞的第二契丹帝國稱作「西遼」。另一方面，原來的遼朝則稱為「東遼」。（其證據就筆者所知，是緣自現存於山東省曲阜孔子廟《褒崇祖廟之記》的碑陰這個僅只一處的事例。）但是，這個東西兩個遼朝契丹帝國的模式，對蒙古而言既已成為血、化為肉。對忽必烈來說，早就是一個理所當然的參考前例了。

另一方面，繼承這個「東遼」政權，曾經控制中華北半邊的金朝，對新國家構想而言也是相當有益的先例。在接合南北兩個世界的這一點上，應該是比契丹帝國還要有更多可以參考的點。忽必烈的漢族策士或部屬在金朝統治下成長者極多，非常瞭解金朝的文化作風及優缺點。但是，它在其規模及多樣性上，充其量只是一個「中型帝國」，仍無法作為忽必烈新世界國家的模範。

因此，我們應該可以說，對忽必烈來講，幾乎不存在可以直接用作模範的先例。他是引據種種事例或模式作為參考，吸收其中有益的部分，但在根本上，則必須要靠著自己和策士們來作各種新的創造。那是人類史上最大規模的創造。

## ＊大元汗國是中華王朝嗎？

一直以來，世人都理所當然似地將忽必烈政權視作一個完全的中華王朝。他們將之喚作「元朝」，作為歷代中華王朝的一個朝代來處理。

如前所述，在這時期的漢文史料中，終究存在著獨特的偏向與侷限。因此在處理牽涉到蒙古的漢文文獻時，需要格外的細心，甚至時而需要某種稱作「嗅覺」的留意。這樣一個在研究上最重要、微妙的一點，過去都沒有受到太大注意。或者說，有時少部分的研究者自身由於太過偏向「中華主義」，乾脆將眼光從現實別開，而未原原本本地將事態作為事態來接受。

蒙古統治時代的中國本土本來就有中國史範疇中的人群歷史生生不息，這自不待言。那是理所當然的。「作為民眾史的中國史」相當重要，不管怎麼重視都不嫌多。

吾人不如說，長久以來大多對忽必烈政權敘述的歷史圖像都是既非蒙古史亦非中國史（甚至更非世界史）的模稜兩可奇妙狀態。在有關「想當然爾的中國史」的幾個面向，幾乎皆未加以回顧。那在研究上是極大的問題點，是今後務必要加以致力解決的課題。不過，對於這個課題的重視，與主張作為一國家的蒙古政權宛如中華王朝的觀點，不可相提並論。當然，無論從哪一個方面來看，對於忽必烈政權與蒙古帝國而言，中國本土都是重要的。但那也不過只是一個部分而已。

此外，從忽必烈政權國家機構的面向來看，中華帝國的色彩也是在特別限於涉及中國本土的行政組織中，位於中下層級的位置才較為明顯。但是，在大元汗國統治下的其他區域姑且不論，在有關軍事、政體、財政等等，涉及到國家與政權最根本的層次上，吾人不得不說中華色彩簡直是淡得不得了。只要能不抱先入為主觀念來加以審視的話，就自然可以見得。

在這裡所談論的是有關國家與政權的各方面。忽必烈帝國的本質是重新改造的蒙古世界帝國。忽必烈帝國本身絕未成為中華王朝。那完完全全就是將中華帝國的作法部分引進，用作新型世界國家構想的一根支柱。

## 第二次創業

對於忽必烈來說，作為一個草原帝國的蒙古聯盟及根源於此的軍事力，是權力的根源。「草原的軍事力」還是得將此放在這個國家構想的根本位置來思考才行。

但是，只有這個是不行的。雖以武力取得帝國霸權，但旭烈兀、別兒哥（Berke）、察合臺之孫阿魯忽等西方三巨頭相繼死去，使得「統一的庫力臺」淪於瓦解。要以武力來對帝國的各個角落作壓制，現實上是不可能的。

特別是遠在歐亞西北的欽察汗國等等，原來是支持蒙哥—阿里不哥陣線的。一二六五年，原想趁著旭烈兀驟逝來南侵的別兒哥，在迎擊的旭烈兀後繼者阿八哈（Abaqa）的對陣中離開人世。

在稍早之前，別兒哥已經同意了要參加統一庫力臺大會。但那是以旭烈兀需同時參加為條件才勉為其難的承諾，絕非歡喜甘願的承諾。

對忽必烈而言，為了要令全蒙古確實且持續地認同、接受忽必烈政權，還需要一些決定性的因素，對象包含這些發自內心的反對勢力在內，也就是說，要迫其承認還需要一股力量。

那就是財富。蒙古的大可汗正是要給蒙古共同體的人們帶來安寧與繁榮，才能被認定是唯一絕對的權力者。只要創造一個持續給他們帶來旁人所不能得到的財富即可。如此一來，所有的蒙古成員都會繼續將忽必烈及其血脈的權力，作為蒙古大可汗來擁護。

回過頭來說，蒙古對於屬領的態度，一直到蒙哥時代為止，說到底皆非統治而是掠奪。但是，那在現在已經行不通了。必須要有一個機制可以管理財富，然後創造更多的財富，必須要從統治更進展到經營才行。

財富的泉源就是巨大的屬領。特別是有歐亞最大程度富庶與人口的中國。要言之，「中華的經濟力」是國家構想的第二根支柱。

因此，首先必須要將中國全境納入手中。接著，必須要創造出一個可以連結草原世界與中華世界這兩個異質世界的新國家形態與結構。那可以說是軍事與經濟的共生，也可以說是草原與都市的複合。

只不過，只是單純將兩個世界、兩個要素作銜接，也是不行的。若是要以草原世界為骨，以中華世界為肉，那麼還需要給予其生氣的循環血液才行。這裡說的血液，就是物流、通商。

那麼，擔當此一工作的又會是誰呢？那不外乎就是已經與蒙古連結，並掌握內陸通商的穆斯林商業勢力。忽必烈要作的是，更系統化地將他們較過往更加地吸收入國家機構之內，使他們在政治權力與行政組織之下彼此密切相關且一體化。藉由國家權力從流通面來誘導巨大、多樣社會的形式，更進一步促進有機化與產業化。也就是說，忽必烈國家構想的第三根支柱，就是「穆斯林的商業力」。

在此，忽必烈新國家的基本構想，融合了草原軍事力、中華經濟力，以及穆斯林商業力這三個連貫歐亞的歷史傳統基礎上。忽必烈政權一方面將草原軍事力的優勢作為支配的根源加以保持，一方面又部分地導入中華帝國的行政模式，以中華世界作為財富的根源來管理。然後，再利用穆斯林的商業網，創造出國家主導的超大型通商、流通。

當然，將草原與中華組合在一起的軍事、政治體制是必要的。成為政治權力與物流系統樞紐的巨大都市是必要的。將此一巨大城市作為起始點的交通、運輸和移動的網狀組織也是必要的。

在其上，大可汗要居於統籌所有構成要素的關鍵地位，掌握軍事、政治、行政、經濟的要點，對物流、通商課稅使國家財政充實。將這些收入以賞賜形式分配給蒙古人們，使之成為維持蒙古聯合體的支柱。此一賞賜，其大多數恐怕是再度透過穆斯林商業資本，投入到物流、通商活動，在蒙古全境進一步帶來經濟活動活性化。這就是其圖式。

如此一來，蒙古國家本身及其屬領，就算再怎麼以各種層次的分權勢力來細分而成為馬賽克狀，物流與通商皆得超越此一分有體制。接著，掌握財富根源與流通系統的大可汗，成為未曾有的巨大財富的所有者，超越帝國的分立。那就是忽必烈及其策士所構想的大統合計畫。如果說成吉思汗草創國家是第一個創業，那麼這正可以被稱作是第二個創業，是從根本而來的變貌。

在此必須要加以注目的是，忽必烈及其策士們似乎是在政權確立還不明的階段起，就開始思考這個構想。而且，幾乎是在懷抱此一構想的起初，就將與海上的聯繫也一併考慮進來。

換句話說，忽必烈與其側近策士，構思了遊牧世界與農耕世界，甚至是海洋世界等三個相異世界的相連，並且他還企圖以歐亞整體的規模來完成。

## 「首都圈」的出現

忽必烈及其策士們在其壯大的國家建設計畫下，陸續地開始實施種種巨大的工程計畫。那幾乎是在政權確立後不久的時期就開始進行，而且直到忽必烈高壽逝世前後大約三十年之間，持續地推進。

當然，也有相當程度的計畫由於當時種種意料未及的事件或叛亂、突發事件等等，而無法如預期般地進行。但就算如此，也幾乎是沒有中斷地推動了一連串巨大國家的建設計畫。從西曆一二六四年到一二九四年為止的忽必烈治世期間，就成為了歐亞史上罕見的大建設時代。

首先，忽必烈為了創造出跨越遊牧草原世界與中華農耕世界的政權骨架，就在霸權行將確立時，在內外宣示將遷移蒙古帝國的首都。這個遷移是要將首都從位於蒙古本土中央地帶的哈拉和林（Qaraqorum）移到兩個世界的相接處，也就是自己的根據地。那分別是位於內蒙古金蓮川草原，名為「開平」的城市，以及作為華北據點城市的金朝故都中都，它們各別被正式命名改名為上都、中都，成為新的帝國首都。新的蒙古帝國，成為擁有兩個首都的帝國。

這個兩京制，和比如說過往的唐代長安與洛陽的事例，在性格上完全不同。因為忽必烈是將其宮廷、政府與軍團，作夏季在金蓮川的草原，冬季則往中都地區，每年各有半期的季節移動。忽必烈王朝成為一個定期移動的權力。

這是一種同時保持遊牧軍事力，又掌握經濟力的，一種乍見之下矛盾的兩個命題並立的方式。但若僅止如此，就與遼、金兩個前代的帝國沒有太大差異。不過，忽必烈帝國並非「dual capital」即「兩個首都」的情況。

忽必烈在直徑約三五〇公里的長橢圓形移動圈中設置了許多城市與設施。

以各式各樣的官營工廠城市及宮殿城市、軍需城市為首，集中儲備穀物及物資的巨大倉庫群所聚集的城市，蓄有寶物及財貨的專用城市，各種負有各類特殊任務的近衛軍團之駐紮城市與駐屯基地，管理所有驛傳網絡的轉運中心，還有軍馬專用的巨大官營牧場群和其管理設施。它們在首都圈櫛比鱗次地分佈著。

例如，在離上都不太遠的地方，有一座意讀叫作「錫瑪琳」的城市。那是一座令來自撒馬爾罕（Samarqand）的紡織專家以家庭為單位集中居住了三千戶的城鎮。在此，最高級的各種織物及服飾布料、衣服，都在官製的保證下製造。那成為了不只是忽必烈王朝，也是歐亞各地蒙古王族、貴族的典禮及宴會服裝。另一方面也作為大可汗贈品及賞賜品的重要部分來使用。甚至是以最高品質的保證來販賣，以高價來交易。

這座城市的名稱，漢字寫作「蕁麻林」，選用的字有些奇特。漢字的發音是「xun ma lin」。據此法國東洋學的碩學伯希和（Paul Pelliot），提倡指這座城鎮就是拉施特《集史》忽必烈．可汗紀所見到的「錫瑪琳」這座東方特殊工藝城市。那個解釋距今數十年前，堪稱卓見。

「蕁麻林」是源自於撒馬爾罕居民之意的波斯語「錫瑪力」。這個辭彙是以慣於在語尾加上「恩」音的蒙古語發音作「錫瑪琳」後，又以漢字加以音譯的結果。這是東西方文獻彼此吻合的罕見事例。那逑說著這座城鎮的名聲，不僅在東方，在伊朗方面也多麼響亮。

另外，這座城鎮在明代是以音近字異具中國風味的「洗馬林」來標識，成為位於明朝北方邊境極為平凡的聚落。政權的更迭，改變了一座城鎮的命運。這樣的案例放眼中國全境，可見許多。

在這座錫瑪琳城鎮的鄰近地帶，有幾座工藝城市及官營工場城市集中，甚至還有專造葡萄酒的城鎮。葡萄酒是在帝國的儀式、聚會、宴會中享用，屬於非常高檔的飲品。除了當時也成為蒙古屬國的畏兀兒王族所控制之現今吐魯番盆地送來的最高級品外，在忽必烈政權跟前，也引進了出身中亞者的葡萄栽培及釀酒。

另一方面，在弘州這座具有中華風的城市，住有包括撒馬爾罕在內，來自中亞的技術者與工藝家，也聚集了華北的織工與技術者，也就是說來自東西方的工匠們在同一座城鎮中一起生活。這裡，不只是織物，還製造有各種技術產品或特製的武器、兵器、戰鬥工具等，是一座多功能的官營工場城市。

這樣一種科學者、技術者、工藝家的集住化與組織化，甚至是伴隨而來的技術、品質的高度化、生產輸送的效率化所具有的意味，是至為明瞭的。忽必烈政權一直到接收南宋後也一貫且明顯有意識地推進。也就是說他進行了一種也能通用於現代的科學技術政策與產業促進政策。

在軍事面來說，這些城市與設施所散布區域的北半邊，是忽必烈直屬軍團的夏營地。然而，南半邊則扮演了冬營地的角色。各個軍團各別在北方保有夏季專用的牧地與軍屯地，在南方則保有附有冬季專用牧舍的過冬駐紮營地。如此，他們隨著大可汗作南北向的大移動。

要言之，忽必烈使新帝國的軍事、政治、經濟等諸多機能，集中在橫跨蒙古高原與華北平原之區域的中間地帶。然後，以此為起點廣設了蒙古帝國全境的水陸運輸、交通、通訊網絡。特別是在北方的上都地區，常態性地設置了向帝國各地傳達大可汗指令的急使專用的高速騎馬部隊。他們為了因應狀況與緊急程度，整備有數騎到數百騎等單位，以無論何時皆可緊急出發的態勢來待命。

忽必烈不只是創造出了作為「點」的兩個首都，也創造出了作為「面」的首都圈。這個首都圈成為所有支配的核心地區。「大元汗國」的大可汗，在其中巡歷，一舉掌握軍事、政治、行政、經濟、產業、物流及交通。

忽必烈並不滿足於親自創造出首都圈。在忽必烈政權誕生之際，他令中心勢力的左翼東方三王族、闊端（Köden）王族、五投下、汪古（Öngüd）駙馬家等集團的遊牧地、根據地，以忽必烈的新首都圈為中央，東起現在的錫林郭勒（sili-yin γoul）草原、熱河草原，北及遙遠的興安嶺北部，西經陰山有遠至甘肅、青海的內蒙古大草原與青海地方，形成巨大的連鎖狀態來連貫。

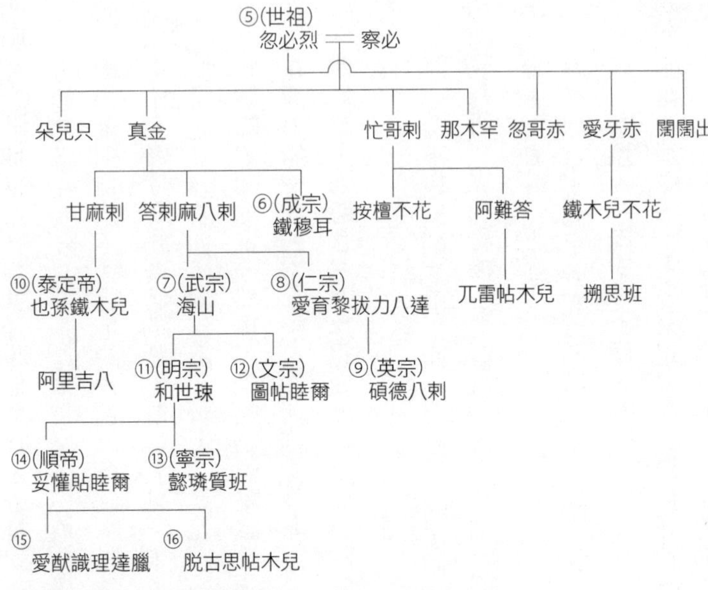


**忽必烈家族族譜略圖** ⑤～⑯為大可汗的繼承者

他們也各自在原來所擁有的遊牧領地，藉高低差來作南北乃至於東西向的季節移動。

這些集團與王侯仿效忽必烈的模式，一齊在各自的夏營地與冬營地，設置了小型的夏都與冬都，也在其區域中設置了各個分布的設施。在一舉出現的這些為數眾多的夏都與冬都中，可以看到明顯共通的特點，那就是幾乎同樣的大小、形狀、規格、配置。特別與上都開平府的內城又是極為類似，幾乎可以確定是一系列基於同一計畫的築城。從這些遺跡出土的瑠璃瓦等等，也完全相同。

也就是說，忽必烈令對自己的新帝國而言構成最高支配階層的這些王侯們，創造出了與自身同樣型式的「迷你首都圈」

與「迷你首都」。相關費用也似乎由忽必烈政府籌措。這些「首都圈」的種種要素，皆是草原與城市的複合體。然後，複數的迷你首都圈與忽必烈自身的大型首都圈相連串的帶狀區塊整體，扮演了聯繫草原世界與農耕世界巨大支架的角色。

此外，幾乎是在同一時期，忽必烈作好了三分自身王權委任三位嫡子管理，自己則立於其上進行統轄的結構。忽必烈與察必之間生了朵兒只（Türjï）、真金（Čïnkim）、忙哥剌（Mangyala）、那木罕（Nomuγan）等四個皇子。其中朵兒只早逝。所剩下來的三位嫡子由事實上的長子真金先後以燕王、皇太子身分，負責管理父親忽必烈所在的華北。

另一方面，忙哥剌被賦與安西王的稱號，進入曾為父親舊領的陝西京兆與六盤山，成為陝西、甘肅、西川、雲南、西藏西側區域整體的統轄者。他們也是在夏季的六盤山，冬季的京兆之間作季節性移動，在六盤山與京兆的東北城外建築了開成與安西王宮。此外，那木罕被封為北平王，成為蒙古本土的負責人，統轄傳統的千戶群與成吉思汗以來的斡爾朵。那木罕巡歷了舊都哈拉和林與周邊的行營地。

在各個王權之下，在於所負責區域編入了擁有領地的各種王侯、貴族與土著勢力。過去成分複雜的分權勢力，在這三個體系中整頓、統合。在除去驛傳、物流、通商以外的軍事、行政相關方面，這三位嫡子以忽必烈的權威為後臺，各自進行分擔。真金、忙哥剌、那木罕就是忽必烈的分身。

合撒兒王族
[s]
[w]
黑山頭古城
興
安
嶺
[s]
斡赤斤王族
克魯倫河
帖兒干站
[w]
[s]
合赤溫王族
哈爾濱
肇州
女真族
弘吉剌王族
應昌
[s]
[w]
全寧
亦乞烈王族
咸平
別里虎台王族
上都
[s]
廣寧
義州
遼陽
[s]
敖倫蘇木
豐州
東勝
大都
[w]
大同
太和嶺
真定
太原
平陽
濟南
益都
高
麗
國
耽羅（濟州島）
南京（開封）
南
宋
國
杭州

早期忽必烈政權的主要王族及首都圈

就如同成吉思汗以來的帝國是以分為左、中、右三大區塊為基本型態一般，忽必烈帝國在其直屬區域也是採取北、中、西三大分割體制。這三大分割在忽必烈時代以後也繼續保持，成為忽必烈王朝的基本型態。

在這三大王族之外，忽必烈的庶子們也成為小型的王權代理人。奧魯赤（Ūghrūqchī）特別是在西藏方面，忽哥赤（Hūkāchī）則是以雲南方面為特別專管區域。這些由忽必烈一族所主導的分割支配體制，以及上述的「首都圈」群組，形成了忽必烈帝國的骨幹。

此外，在連結了此等夏營地與冬營地的季節移動圈中，令首都或城市散布的多機能集中的這種「首都圈」作法，也為旭烈兀汗國、欽察汗國、察合臺汗國所採用，成為蒙古時代一種新的國家模式。

## 巨大的首都

其次是首都。忽必烈於至元三年（一二六六），下令在冬季首都中都的東北郊外建造新的帝國首都。

這一年本來應該要舉行帝國西方三巨頭旭烈兀、別兒哥、阿魯忽（Alghu）也參加的統一庫力臺大會。這個庫力臺大會，本來應該是忽必烈名實相符地在帝國全境被承認，作為僅只一位的大可汗，使內外周知的一大典禮。忽必烈可能是想向世界各地遠道而來的帝室、王侯、領主、使節們，展示即將開始的這個巨大帝都建設也不一定。

在五年後的至元八年（一二七一），他親自為新帝國命名作「大元」。一直以來的「大蒙古國」，換了一個新國號成為「大元大蒙古國」。相應於此，建設中的新帝都被命名為「大都」。國號是「大元」，首都是「大都」，年號是「至元」。這很明白地是一種連動的命名。所謂「大元」之語，據說是取自《易經》的「大哉乾元」之名。在宣布新國號的詔書中，也寫明是基於「乾元之義」。所謂「乾元」，是指天或宇宙，或者是其原理。（「代翁」（Dai Ön）是「大元」的蒙古語發音。「大央」是到了明代「代翁」訛化所演變而成的。然後「大央」一詞到最後變成了具有「世界」之意。）

那麼，忽必烈為何特意挑選「乾元」二字當作國號？這很清楚地是淵源自於突厥・蒙古系的人們所共同崇敬的「騰格里」（Tengri）也就是「天」。

「大元」——「大的源頭」，那所指的就是天（騰格里）。忽必烈以含有「天」之意的「大元」為國號，將位於其天下之「地」的中心帝都取名為「大都」，刻畫天地運行的「時」取名為「至元」。忽必烈在此加入了受「天」之命，司宰地上及世間運行的意義。所謂的「都」，原來即作為位於連結天與地宇宙軸上的這樣一種觀念，自古以來在歐亞各地普遍存在。但是，「大都」正是一個從名稱上可以看出是如字面上所示那般，連結天與地的「大」「都」，可以說是意圖明確的命名。

大都的建設是耗費忽必烈整整一代的大事業。那不是在一時間完成，而是自其中心部分，尤其是具紀念性質的部分開始依序完成的。

首先是宮殿部分的竣工，在主殿的大明殿中，於至元十年（一二七三）三月盛大舉行皇后察必與皇太子真金的「立后建儲」儀式。在其前後，忽必烈在至元六年（一二六九）命國師八思巴（Phags-pa，在翌年成為帝師。此外，這個國師、帝師的建制是仿照自西夏國），令其制定具「國字」地位的「蒙古新字」，也就是所謂的「八思巴文字」（或稱方形字）。他對於國家形式、體裁的整備也很熱衷。

其間，雖然進行了諸如後述的南宋接收作戰等等各種對外遠征，但在新首都內外展開的廣泛建設、整備事業也在同時進行的形式下不間斷地推行。南宋接收後的戰後處理告一段落，以杭州為主的江南地方作為新版圖的一部分也安頓完成的至元二十年（一二八三）時，市街區的骨幹顯現形貌，主要建築物也有相當程度的整備。在原位於中都的官署遷移與富民入住的同時，中都的圍牆與城濠被毀棄。其後，相當於大都西南方的舊中都地區，成為庶民層居住的市街以至今日。現在北京的「前門」地區的南側及其周邊一帶，原來就是中都。

忽必烈高壽逝世的一年前即至元三十年（一二九三），從面向渤海灣的海港直沽起，直至大都城內中央積水潭的湖面，開通了連貫的運河。以大都為中心的運輸、交通系統於是完成。其後，大都的整備與改造因應必要而有所持續，但投入二十五年莫大人力財力來進行的大都建設，在此暫且告一個段落。

大都之名，以當時的中國語音稱作「Dāydū」，遍傳歐亞世界各處。此外，也以突厥語稱作「汗八里」（Khān Bālīq），其意為「王者之城」即「帝都」。其後是「汗八里」比較普及。因為那正是世界的「帝都」。明清時代，以及現在中華人民共和國首都的北京，不外乎就是蒙古所建造的大都的後身。

這座按照桌上談定的計畫，在完完全全的「空地」上，從零開始規畫興建的純計畫城市大都，從外觀來看呈現出純然的中華王朝國都形態。

設計上大致的理念，是忽必烈的漢族策士，被稱作「黑衣宰相」但滿是謎團的人物劉秉忠所擬訂的。他早在大都營造開始的十年前，就在開平府築城時，占選其地，奠定了設計的基本。開平府就順勢成為上都，與大都並稱兩京。就以平面計畫來說，在這兩座蒙古的首都中，的確是有一種共通的思想在流動。座落在草原上的小規模上都開平府可以說是試作品。在這裡所嘗試的設計的基本形式在十年後，被套用規模遠遠超乎其上者，就是可被稱作世界帝都的大都。

大都為大致是沿著東西南北方位，稍呈縱長四角形的外廓所圍繞。以面向中央南邊的皇城為中心，其南側有官廳街，北側有官設四市場，東側有祭祀帝室祖宗的太廟，西側有祭祀土地與農業之神的社稷壇。這樣一種具有象徵意義的設施的象徵性配置，是忠實地依照漢代出現的偽書，但卻是規定中華王朝制度、典範的文獻，其後也長期被尊崇的《周禮》考工記「匠人營國」之條所見的「左祖右灶面朝后市」，這樣一個古代中國國都理想型態而建造的。

在現實中國國都之中，正確地依據此一古代準則者，其實只有大都而已。一般認為是古代日本的藤原京、平城京、平安京等等平面計畫模型的北魏洛陽城、隋唐長安城等等，很容易被誤認為是中華王朝國都的典型。然而其實並非如此。宮城在緊貼於其北壁，其南側則有左右對稱的市區開展的模式，是北魏、隋唐等鮮卑拓跋系王朝所建設的一系列帝都的體現。

原本，中國史上從頭開始新創國都者，幾乎都是非漢族出身的王朝。漢族政權的情況，不知為何都未新創過國都。都是再利用既已存在著的前王朝首都，乃至於將過去以來為地方城市的地點多少加以修整來作為國都。從這些意義來講，以古代理想的計畫為典範，從幾乎全無的階段開始一舉使巨大帝都出現的忽必烈政權，誠然是一個異樣的政權。

大都的城壁是由宮城、皇城、外廓的三重圍廓來組成的。外廓的周圍為六十里。在實際的調查裡頭，則是二八點六公里。市街地建有五十座坊，在外廓的東南西設置有三座門，只有北面不知為何設置了兩座門，合計十一座門。「六十」為天干地支的一巡，「五十」則是「大衍之數」，也就是易的筮竹之數。每一項在中國自古以來都是神聖的數字。這很明顯是包含了意識到天地運行與時間輪轉的象徵意義。

象徵的意義卻是潛藏在各種地方。在《周禮》裡頭，應該是各面三門，合計十二門者，但

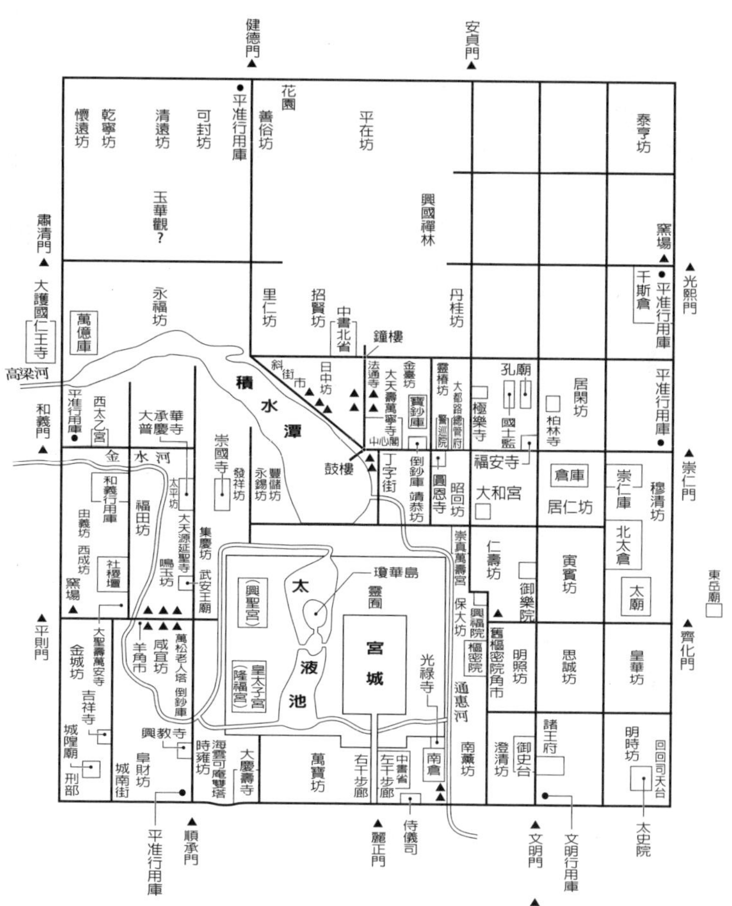


## 忽必烈時代的大都

外廓的周圍為28.6公里。▲為市場所在。此大都為現在北京的前身。

實際上卻是只有北面設兩門的謎團，在元末的文獻可以看到是取自於三頭六臂兩足的「哪吒太子」的解釋。也就是說，於北面踏兩足，各有三支手腕往東西延伸，三個頭在南方並排的這樣一種形式。

往後在「神話」中活躍的哪吒太子，從其由來、發音與意義來看，其原為印度教神祇「濕婆」（iva）所變身的那塔拉加即「舞蹈之王」的可能性極高。

在大都市街內外，有顯露壯大威容的西藏佛教大寺院為主，從西藏、尼泊爾、喀什米爾、印度等地所直接傳入的印度、西藏風的「佛教文化」，在這裡都可以看到。有名的尼泊爾建築、工藝技術者阿尼哥，其名也可以讀作阿尼卡或艾涅卡，尚不確定，但確實是經由他的雙手所創造出來印度、西藏風高層建築在各地達於天際。此外，依然是濕婆所變身的多頭多臂的「摩訶迦羅」（Mahākāla）也就是「大黑天」等等的立像及浮雕，在所至之處都可看見。

總而言之，大都內部較我們現在所想像的還要具有濃密的印度、西藏色彩，而不只是中華色調而已。

## 與海相連的都城

儘管如此，乍看之下，大都仍然就像是一座純然的中國國都。但那只是外觀上的形貌而已。恰好和忽必烈的新國家，外觀與實質成為一種雙重結構。

如果僅從形式上來看，大都是藉由完美的平面計畫與都市計畫，以及所造成的整齊劃一的美觀，被視作古代中國以來的理想，也可以說是將連一次也未曾實現的國都形式具體化並展示於世。造訪大都的人，都為其異樣的規律美、黃金與濃綠甍瓦所覆蓋出來重重相疊的大屋頂所帶來的眩目色彩美，以及種種巨大建築物所形成的複合美而驚嘆、迷醉，異口同聲地稱讚不已。而且在建築文化的這一點上，與地中海世界等西方相比，東方世界明顯地本來是有所遜色的。忽必烈是將建築上東西雙方的力學關係，加以顛覆了。

但是，與壯麗的外觀不同地，看看其現實的都市機能，則可以發現它與中國國都完全不同的特徵。首先就是在都市中央部所廣布的湖水與綠地。

作為大都中心的皇城裡頭，圍繞著中央的太液池，東側有大可汗固定斡爾朵的宮城，西側有皇太子宮的兩組建築群，此外則是一整面的草地。（興聖宮是日後的建設）這裡是將原為忽必烈軍團冬營地的地點作為忽必烈皇室專用的「神聖空間」來圍起的。鳥獸被放養於此，在其一側甚至還有以「靈囿」這個漢字來標識的「動物園」。在宮城的一角上，為了顯示那裡是遊牧帝王的「斡爾朵」，特地排列以天幕式的住居即蒙古包，皇城地區的全境成為了一種散步的地帶。

這樣的園地或園林用波斯語來說是「巴格」，和其習慣、方式一起，原樣地被吸收到蒙古語中。這種挨近草地及湖水，或是完整圍繞的作法，不只是在構成忽必烈政權核心勢力的內蒙草原地帶諸王侯的夏都、冬都而已，在察合臺汗國的冬都阿力麻里（Almalik），旭烈兀汗國的新王都蘇丹尼葉（Solṭānīye）、欽察汗國的王都薩萊（Saraj）等處亦可普遍看見。可以說是河川、湖沼水畔的草地與都市所組合成的蒙古型的都城模式。

但是，無論如何大都最大的特徵，就是它是一座與海相銜的都城。大都與現在的北京不同，在市區大約正中央之處有個「積水潭」的巨大湖面坐落，那成為城市的內港。以米穀為主，中國南方的豐富物資固不待言，滿載著伊斯蘭世界或西方物品的船，通過印度洋海路來到東方，也在此排列舳艫。

在被稱作「斜街市」的北岸一帶，有買賣上岸物品的官營市集櫛比鱗次。在那一帶，有負責大都經濟活動及首都行政的大都路總管府等等，經濟、財務相關的官廳及設施林立，成為不亞於《周禮》「后市」的經濟專區。

從積水潭開始，通過大都市內，直到東方郊外約五十公里前的通州，設有閘門式的運河「通惠河」。雖然大致是平坦的華北平原，但大都到通州意外地有三十七公尺的高低差。以運河來銜接其間，在當時的技術水準而言，有很多難處。

依照忽必烈科學、工學策士郭守敬的設計，在十餘處有閘門設置，每道閘門都附設有大型半圓的迂迴水路，使得河船的航行成為可能。在每一道閘門，為了運河的管理、維持及河船曳航，平時設有超過二千名的人員及大量的馬與車。就算是如此，河船在積載量上還是遠勝過馬與貨車的搬運。因此，忽必烈王朝籌集龐大的資金，持續地努力要使大都成為一個可以以水運來連結的都城。

## 以運河串連海運與陸運

在通州，有一道原來在金朝聚集了華北內陸水運網，名為「御河」的運河流通。但是，其後隨著金朝南遷所帶來的混亂而荒廢了。忽必烈政權確立後立刻就使之恢復。主要負責重新規畫以御河為中心的運河網，使之再度復蘇者，就是以郭守敬為首的工學官員們。

在接收南宋以後，從江南縱貫中國大陸的「大運河」，也投入莫大的資金與努力再行開鑿，可航至通州。「大運河」在很長的時間都消失了。歷史上「大運河」的復活，從北宋時代算來時隔一百數十年。從「大運河」到達中國本土北端的這層意義來說，其實從唐代算來已有三百數十年之久。令人吃驚的是，光是只看這個在短時間達成的兩個運河體系的建設、整備，也已經是十分巨大的計畫。

甚至，朝著通州這個方向，也有在海港直沽重新裝載集積到河船的海運物資，順著自然河流白河的緩緩水流而來。直沽是一個不只與江南，也與東南亞、印度洋、西亞方面相連的海洋窗口。這個直沽正是現在天津的前身。北京與其外港天津的這種形式，其實是創始於蒙古時代。

要言之，大都的積水潭是相銜河運、海運的「水」的物流的基準點。大都營造計畫的重點就在於此。大都建設的目標，不只是大都的營造。而是包括與大都有關的一切系統整體，項目廣泛的建設事業一舉來進行的。

此外，這裡應該注意的還有另外一點。忽必烈政府為了維持成為都市內港的積水潭的巨大水面，大幅整頓高粱河的水系，創造遠至北方的密雲、昌平一帶取水的系統，將其水源源不絕地引至大都城內的大工事。這樣一個積水潭的水源工事，以及方才所述的通惠河極為困難的開鑿鋪設工程，都是在大都營造事業成形之初就開始籌備了。使帝國新都與海洋連結的想法，打從大都計畫的最初就存在了。這意味的是在那時就既已吸收南宋為前提，進行了所有的相關事業計畫。與大都計畫同時進行的南宋作戰兩者彼此間的連動性，是很清楚的。南宋作戰是巨大國家建設計畫中的一環。

另一方面，陸上交通網的整備也同時進行。經過內陸亞洲的所有路徑，都被設計成儘量聚集在「首都圈」北半邊的夏都上都。過去以哈拉和林為中心的驛傳網，也與上都作連結。

在這個上都與大都之間，以三條幹線與一條旁道作連結。然後，從大都開始，往東亞區域，都整備有放射狀的道路網。根據當時從東西世界來造訪的旅行者見聞，忽必烈的「王道」在寬廣公共道路兩側挖掘有水流通的溝渠，在彼處種植白楊或柳樹等樹木，從兩側打造了包覆公共道路的涼爽綠蔭。

以現在的感覺來說，這樣一種道路網的整備，看起來也許是理所當然的。但是，規模遍及中國全土的公共道路整備，至少是自唐代以來的首次。光是如此，就可知此一事業多麼壯大。更何況，北起黑龍江及西伯利亞，南至越南、緬甸、西藏等東亞全境道路系統的整備，就目前所確認範圍內，是史上第一次。甚至，那又和橫貫草原與綠洲世界的驛傳系統作連結，又以陸上交通體系與歐亞全境相連，就這層意義來講，則是人類史上最早的。說不定到目前為止，或許也可以說只有在此時發生過而已。這些事業一次同時進行，在忽必烈這一代就達成目標。

忽必烈新國家的夏都上都，可以說是擁有哈拉和林這個「草原陪都」，冬都大都則是具有擁有通州及直沽這兩個河運及海運的「物流轉運中心」。在直沽的那一頭，則有世界最大的都市杭州相鄰。

甚至，令人吃驚的是，忽必烈及其策士們還考慮到了要以運河來直接連結大都與上都。從根據郭守敬等人的調查，高度差達八百公尺這個令人不得不放棄念頭的高度來看，就可以知道忽必烈政權的構想能力，是多麼超乎想像的壯闊，滿溢著國家建設的意志。

所有一切建設的樞紐，就是作為巨大帝都，兼具水陸機能的大都。如同已經敘述的，如果說「首都圈」群及大大小小的忽必烈一族「王國」是忽必烈政權的骨幹，那麼大都就正像是心臟一般。

陸與海兩方面所造成的歐亞人流與物流，從一開始就被計畫要匯集到大都來。大都是忽必烈與其策士們所主導促成的超大型循環的起始基地。相對於過去作為蒙古首都的哈拉和林是中央歐亞的階段性世界之都，大都則是以包覆歐亞世界的全體中心來被創造的。

# 2 系統化的戰爭

## 令人驚嘆的襄陽包圍戰

忽必烈政權的南宋作戰，始自新帝都營造發表的兩年後至元五年（一二六八）。在一二六八這年之前，忽必烈及其策士們，就開始進行作戰計畫的訂立與遠征軍的編組，以及軍需物資的籌集與補給網的規畫。帝都的創造與南宋作戰，幾乎是同時起步。也就是說，忽必烈政權是在內外兩個方面，開始向新國家建設出發。

黃河南岸的開封，成為作戰與補給的基地。水陸的補給網以開封為中心，所有的物資都被聚集到這裡來。

攻擊目標是襄陽及其對岸樊城這兩座城市。和窩闊臺時代闊出（Küčü）的南征，蒙哥時代的塔察兒南征一樣，儘管已經有了兩次失敗的先例，還是以這裡為第一目標。這是為了避開「空白障壁」的直擊。

攻略漢水流域，同時達成確保補給通路，這是他的南進作戰構想。也就是要避開太過勉強的前進。這是忽必烈及其軍事參謀們所採取的基本方針。

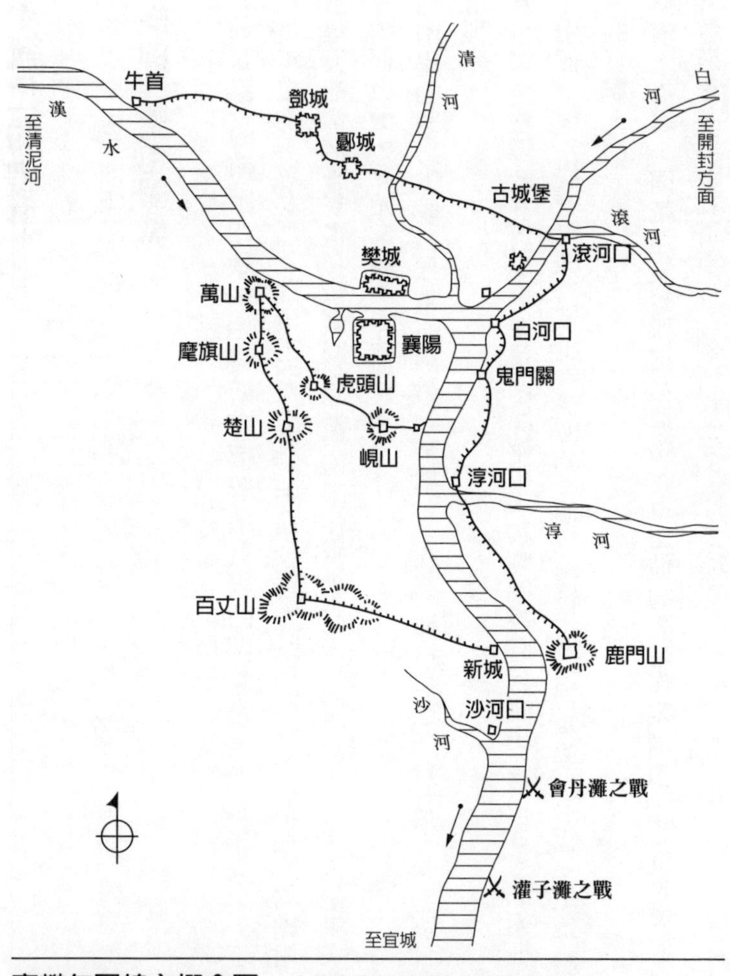


**襄樊包圍線之概念圖** 改繪自李天鳴《宋元戰史》4

但是，就算攻擊目標和進軍路線相同，攻擊方式和兩個前例卻是完全不同。

其實，他們幾乎沒有進行攻擊。蒙古南征軍首先作的是土木工程。他們竟然包圍襄陽及樊城兩城，築成了連綿的土壘及壕溝。在交通上的各個要衝裡頭，設置了相當於附屬小城的堡壘與陷阱。大小城堡總計超過四十座。

這個又長又大的環狀城，使設有蒙古軍軍事司令部的鹿門山及軍攻部門的峴山，以及百丈山、楚山、麾旗山、萬山、虎頭山等山頂相銜接，有一部分甚至圍了兩層，總長超過一百公里。從俯視襄樊兩城的高度來看，全數都設有組成蒙古南征軍各隊的本部，在各自的城堡裡頭，甚至還配有其支隊及作為其指揮的鎮撫一名。流經兩鎮的漢水上游與下游，在兩岸築有要塞的同時，河中央也造有堡臺，也在河中一併打入了亂樁，遍設鐵鏈，使完全遮斷。

這支南征軍總共動員了超過十萬名兵員。但是，其中純粹的蒙古騎兵只有速不臺（Sübügätäi）之孫，兀良哈臺（Uriyanqadai）之子阿朮（Aju）擔任主將直接率領的不到兩千的督戰部隊而已。雖然也有蒙古與契丹、女真、漢人等的混合部隊，但那數量恐怕無可觀之處。所剩下的大半，是漢族軍閥等所組成的華北軍隊。而且，其中雖有兵員，但大多數恐怕嚴格來講連兵都稱不上。實際上說是土木作業員恐怕也不算太過。

巨大的包圍網當然並不是全部可以立刻完成的。原來，他們在開戰五年前的時間點上，就向南宋方面總管長江中游到漢水流域方面全境的總司令官呂文德要求「互市」，以保護貿易場所

「榷場」為名目在鹿門山築城。以此為據點，在作戰開始的同時就從襄陽東邊的白河口開始築造，一口氣就完成了連接到襄陽西方萬山、南方鹿門山的連接線。

他們恐怕既是投入了多數的人力與物力，又日以繼夜地進行突襲工程。當它大致完成，蒙古軍隊就很迅速地將兵員帶至城牆後方。沿著城牆，所到之處設下屯所，在其處開始生活。其後，他們逐步且強力地設置這條包圍線，在襄陽西邊及南邊成為了一條雙重線（雙重線中的外側線並不朝向襄陽，可能是為了防備襄陽救援的南宋軍隊用的。有關這一點，尚未獲得確證。）

在襄樊兩市裡頭，呂文德的弟弟呂文煥率領精強的私家軍團籠城包圍。對南宋而言，那是相當於國防第一線的要地，他們想要阻擋蒙古軍隊，戰意極盛。軍備與食糧也很充足。

以呂文煥為首的籠城士兵與市民們，起初完全摸不透蒙古軍究竟在作甚麼？明明以大軍壓境，卻不作攻擊，只是猛挖地面，盡作一些土木工程。他們或許覺得對方的行動很奇怪吧？

對於籠城一方而言，實在是太過出乎意料了。一直以來，蒙古都是迅速到來，就立刻展開攻擊。要留意不要遭蒙古軍引誘而不小心出城，只要忍過一時的攻擊，不具持久力的蒙古軍隊就會收兵，或是撤退到城外。此乃常態。

就襄樊兩市的軍人及居民來看，城外的蒙古一方，總之是日夜不分地不停動作，不知道何時會攻擊過來。他們心想著甚麼時候會來？甚麼時候會來？而無法消除緊張。其間才留意到兩市及漢水水流區段已經全部遭到包圍，出現了一道又長又大得不得了的土牆。

處在襄樊兩市的城壁內側一邊的，是呂文煥的防衛部隊與居民們。悄悄將之包圍，守在一道城壁外側者，則是蒙古軍。圍繞著這兩道城壁，內外各自形成人群聚集，他們每一邊都有充足的糧食。

襄樊地區成為了稍有規模的「大城市」。但是，在兩種城壁之間並沒有誰居住，兩種「居民」間也幾乎沒有交流，實在是甚為奇妙的「城市」。

## 南宋作戰的難處

在忽必烈國家建設事業的巨大計畫中，南宋作戰雖然明顯作為一環來推動，但其中卻有幾個難處。有關於此，忽必烈與策士們也創造出了幾個全新的發想與作法。

那麼，這個南宋作戰的難處，究竟是甚麼呢？

首先，第一點是南宋國的自然環境。南宋國北有東西橫貫中國本土中央的巨流長江為屏障。在當時長江就幾乎等於是一片海洋。此外長江以北還有注入外海的淮水與注入此河十數條幾乎是並行的河川。並且，在中國本土的中央部，還有從西北斜流蜿蜒向下流至長江的漢水與勢依於此的大大小小各色河川。光是這樣就夠棘手的。

就算是幸運地渡過長江，也還有不遜於淮水及漢水的大河川成群流動。洞庭湖、鄱陽湖、太湖等大小湖沼亦四處分布。南宋國是大河與湖水之國，為水所環繞守護。對蒙古而言，與一直以來包含華北在內的乾燥地帶是完全不同的世界。

再者，南宋國東側全是外洋。姑且不論首都杭州，像是寧波、福州、泉州、廣州等重要城市，亦皆為港灣城市。在蒙古方面，如果是被迫浮在海上的話，就不知如何出手了。不只是大河與湖沼，也不得不要與海洋相爭。

何況，南宋國在長江與外海即江海上還浮有水師與海軍。特別是巡視長江上下游的水師更是強勁。那是長年儲備黃金的結果，現在南宋國恐怕是中國史上除卻地方政權之外，具有相應全國性質的正式政權中，保有最早「常備水師」的政權。

從本來應該是內陸型，且頗具規模廣域國家保有「常備」大艦隊的這層意義來講，這恐怕是世界史上最早的事例。當然，若是只有常備艦隊，那麼還有在遙遠往昔的薩拉米斯海戰（Battle of Salamis）時的希臘雅典或所謂的羅馬帝國，甚至是蒙古時代中威尼斯、熱那亞等等義大利城市國家等事例。但是，這些國家的基盤至少從起先就位於海洋。

吾人動輒會以為只要一提到中華帝國的軍隊，就必然性地留意到陸上戰鬥力，甚至是步兵。但是，最近中華帝國的「sea power」即「海上權力」面向，突然開始在國內外被談論。只是，那焦點是放在海洋上頭。時代也是談論南宋之後事例的情況較多。

嚴格來說，海與河川應該是不同的。在實際情況來看，乘風破浪的船隻與以沒有波浪為前提的河川用船隻結構是不同的。因此，如果將此作為「水力」，意即「江海之力」來考量的話，南宋國「常備艦隊」所具有的軍事上意義，也許應該再作重新審視。

與此相對者，蒙古方面在這個時候連像樣的水師都沒有。忽必烈必須在這樣的狀態下赤手空拳迎戰世界史上最早的「常備」水上戰鬥力。

從自然環境的觀點來看，江南的濕氣與炎暑也是問題。馬匹較堪於適應寒氣，卻難耐於悶熱。更何況，要從蒙古利亞直接令牧民騎兵驅入江南又太過遙遠。光是與蒙古高原之間的往返，應該就會費掉一年中的大半了。

蒙古馬與騎乘於上的騎兵，有一種夏季散開放牧及冬季集團越冬的遊牧民生活模式。若要一面保持牧民生活一面規畫遠征，就必須在這一年間的生活規律中組織遠征活動才行。面對中國南方，至少以蒙古為基準點按季節出擊的作戰形式構想是不成立的。江南可以說是位於「有效射程距離」之外。

理所當然地，地球中的移動在東西方向與南北方向的意義各有不同。如果是東西橫向的移動，那麼氣象與風土的差距並不那麼大。但是，若是南北縱向的移動，景觀與狀況就會逐漸地改變。

就算是史上聞名的蒙古大遠征，成吉思汗西征、拔都西征、旭烈兀西征皆是東西移動。就算有程度的差異，但總皆是在以乾燥為基本的地帶上作東西向移動。若是如此，那麼保持牧民生活的大遠征則是可能的。只要在重要地帶的牧地上，讓馬匹或家畜休息加以牧養即可。這種情況下就算是離開蒙古本土也沒有甚麼阻礙。

但是，南北移動的大遠征就無法如此。一南下自然條件就有所改變，途中不見牧草地。就算是有，但在小規模的草原上供大集團作大規模牧養是困難的。東西移動的遠征與南北移動的遠征，就算是距離相同但南北移動也顯得較長較遠。忽必烈及其策士，背負的就是這樣的不利條件。

甚至是還有與自然環境不同的問題。那就是從黃河到長江間的區域，幾乎皆是荒野。過去在北宋時代，這個區域原本是運河有船，陸上有車往來，在北宋領內是最富庶繁榮的地帶。那在金與南宋長期的南北對立之下，幾近荒廢。除了南宋方面配置在相當於國界線的淮水一線上的軍事設施之外，四處只有軍事駐屯地與行政上的城市點狀散布。

在忽必烈開始南宋作戰三十四年前的一二三四年，南宋國趁著金朝滅亡後的間隙派軍北上，意圖恢復中原。但這恢復真的只有一瞬間而已。他們無法對抗駐守在黃河南邊的少數蒙古單支隊伍，南宋的北伐軍就放棄了好不容易到手的開封與洛陽而撤退南下。豈止如此，他們疲憊得連隊形都無法保持，好不容易才回到了南宋國境內。失去的兵力很多。那與其說是因戰鬥而喪命，不如說皆是途中倒下的。

在中國史上將此役冠上南宋國的年號稱作「端平入洛之役」。該戰役以——從「異民族」

王朝的手中奪回故都的壯舉及極盡悲憤的潰走——，這樣一個極端的明暗對比而聞名於世。

後世部分以「華夷思想」來理解此役的漢族讀書人，將之視作是蒙古極盡卑劣毀約與突襲所導致的，從而悲憤慷慨。他們在主張遊牧民或蠻族不守信用時，屢屢以此為例證。但是，真正毀約與突襲的卻是南宋這一方。此事已為錢大昕所指摘，甚至在最近也為中國具代表性的元代史研究者陳高華先生所釐清。

在這個出其不意襲擊的作戰被提案出來時，南宋朝廷內部也有異論。大意是說，在殲滅金朝的協同作戰中打破與蒙古所確定的新國界線約定，沒有勝算的收復故土作戰是危險的。若是弄不好反而還會重蹈過去北宋雖然曾與新興的金朝合力消滅宿敵遼國，但卻又企圖全面收復北境的「燕雲十六州」，反致招來金朝的反擊，又使得國家敗亡的覆轍。

其根據就是從長江到北方的中原為止，皆是人煙罕至的荒野，所以糧食確保顯得困難，只能攜帶軍糧而行。但是，由於可以攜帶的量有限，就算是再怎麼好運可以收復，也無法長期確保。結果也真的變成這樣。

這真的是如實地反映出當時的現實。要言之，以淮水流域為中心，特別是是其自其北側開始，有遼闊橫亙中國本土中央部，將近三百到四百公里的帶狀「空白」橫亙。是名為「空白」的巨大障壁。

在蒙古方面，若是要強硬地將之突破，就會重蹈南宋軍的覆轍。就算是只以騎馬部隊往馳而戰，接下來又會臨到長江這道水的障壁。也很有可能被夾在荒野與大河這兩個障壁中間，在長江河畔進退維谷自滅。

面對南宋國，若是由北展開正面攻擊，甚加困難。以短期決戰來決勝負，幾乎是不可能的。

還有一個問題。那就是江南城市防衛能力之高。特別是在設施方面更是傑出。南宋境內的城廓市鎮，為高厚城牆及深廣水濠所包圍。就算有好幾層的圍廓也不稀奇。迄今為止，蒙古已經在華北及中亞等地累積無數的攻城經驗。雖說如此，遇到如此強力的城廓，還真是難以對付。

事實上，自忽必烈早約三十年前，就有一個極佳的失敗案例。那就是與拔都西征成對來進行的，以窩闊臺三子闊出為主將的南征。戰線包括窩闊臺次子闊端所率的西川侵略軍在內，涉及範圍很廣。闊出的中央主隊避開「空白障壁」，想順漢水流勢南下。但是，在戰役一開始主將闊出就不幸遽逝。欠缺統領的蒙古軍，各支軍隊分散不整地纏住南宋方面的城廓城市。不過卻為那堅固城濠遮擋而無計可施。連到達長江一線都無法達成，反而被迫慢慢後退。他們為南宋名將孟珙所指揮的南宋軍逼退，連漢水中游的襄陽都失去了。

闊出的南征應該至少在名分上含有對「端平入洛之役」的報復意味。但就南宋方面而言，有關此時蒙古的侵襲，很僥倖地他們在「入洛之役」前所擔憂的「重蹈覆轍」並未成真。

另一方面，就蒙古而言，這個大失敗的記憶，還留下血腥的記憶。自成吉思汗以來，在蒙古遠征中，是第一次投入大兵團的徹底失敗。

而且，十年前蒙哥南征時，塔察兒才剛失敗。就算是八年前忽必烈本身的南攻，也是在慎重準備之上勉為其難的進兵。其歸路不得不使用屬於敵方陣地的漢水路線，快速地渡過。若要大部隊南下，除了選擇漢水流域別無他法。

但是，自闊出南征以後，經過塔察兒的失敗，以位於中國本土正中央要衝的襄陽為主的漢水流域都從蒙古手中失去了。忽必烈想要向這片「失地」全面進攻的作戰構想，也被一個大大的腳枷束縛住。

## 經略戰爭的思想

襄陽圍城戰一直持續著。當時展開攻擊的，與其說是包圍一方，不如說是籠城一方。籠城這一方，對一直不進攻過來的包圍一方感到焦慮難耐，又為和外界完全遮斷感到恐怖，因而為了突破包圍網而展開攻擊。如此一來，蒙古方面的軍隊就躲進又長又大的城壁後方一側，或是逃入要害的堡壘及城寨中，防備籠城方面的攻勢。他們幾乎無意主動求戰，這一光景與一般常識是相反的。

蒙古方面的將官們並非總是張起包圍線。主將阿朮及軍政部門幹部哈答庫，漢人軍閥中心人物具主將地位的史天澤等人，時而領著隨從，時而是麾下的直屬部隊，屢次往赴開封及黃河以北或是大都方面。其他軍團諸部，其各自的主隊也在遙遠後方屯營，或是適當地因應必要返回河北、山東、山西、河南的根據地。其時駐守環城者，在全軍中僅為少數，而且也應該是交替制。

他們在直到作為作戰與補給基地的開封與包圍網之前線為止，都整備了直通的專用路線。在各個宿驛中，有完善的宿泊設施與戰傷者用的醫療設施等。在每次宿泊時，都依將官等級來供應羊、米與酒。據說以蒙古指揮官的等級，每住一晚就可以領到三隻全羊。

受到城壁與堡壘所保護的蒙古方面士兵，當籠城一方攻來，就開始四射各種「發射武器」。它們是最大射程達三百公尺的蒙古式短箭，以及射程距離竟有四公里的改良型弩砲。甚至，姑且不論其實際上殺傷力，還有震耳欲聾的大音量與爆裂火粉只具威嚇能力的中國傳統大小各式火炮。這是一種加農砲的先驅，有關槍火器的發達至少在這個時間點上，「東方」是遠遠凌駕西方的。

蒙古軍將這些「發射武器」善加組合運用，不論是軍兵的人種，或是兵器的種類，其組織早與散發草根氣味的遊牧民部隊大大不同，是一支在「蒙古」名下充分組織化的多國籍軍隊。籠城一方，就被這種城壁與城的複合體所困，若要直接攻擊，就被「發射武器」所擊退。

我們其實可以在日本史中發現類似的戰役案例。那就是豐臣秀吉的戰術。根據日本史家朝尾直弘的研究，豐臣秀吉自織田信長時代的鳥取城攻略及高松城攻略開始，特別是在成為天下共主過程中的竹鼻城攻略中時常應用如下戰法，意即總是首先投入大量的人員與物資，製作包圍敵城周圍的土壘與附屬小城的複合體完全將之封殺，其後敵方攻擊過來，就四散槍彈，扼制其攻勢。如此，使敵城挨餓無力而加以制伏，使得戰爭成為一種土木工程。

朝尾將這一連串的作法稱作「秀吉的戰爭」，以「以城攻之，以彈守之」來作貼切無比的形容。這與忽必烈政權所作的襄陽攻略在作法上相同。過去有人曾將襄陽包圍作戰比喻成秀吉的高松城水攻，那只是單就形成完全包圍網這點所作的比喻。然而實際上從發想的根本上而言可以說完全一樣。

但那究竟是為甚麼呢？當然忽必烈和秀吉都有到達這個經驗與前史，應該解釋說物盡其極則得相同結論與作法呢？或者該說他們都身處於「發射武器」的時代所致呢？無論如何，這個歷史評價是值得吾輩思量。

如果是分開看他們各別的作法，會發現其中也有並非獨創的成分。但是，統合整體，以一整個系統來進行戰爭，則是他們的獨創。他們不倚賴個人手腕或戰鬥能力，而是儘可能地減低戰爭中偶然、意外的要素，以組織力與整合力來取勝。他們管理戰爭，將其當作一個事業來進行。

而且，這裡頭幾乎沒有殺人行為，也沒有人被殺。那些人們幾乎都沒有受傷。可以說是一種「不殺的思想」。

投注的資金與物資也造成經濟活動的活性化。包括長期的軍團編組維持與道路網整備等等在內的補給系統組織化，帶來了借用戰爭這種形式所達成的職業機會安定化與社會資本的充實。可以說是「戰爭的產業化」。這種方式在前近代世界裡頭誠屬稀有。

## 蒙古水師的出現

襄陽作戰從一開始就是持久戰的態勢。戰鬥只是時而突發，但大致上是緩慢的包圍與籠城。至少表面上看來是如此。

但是，另一方面，蒙古這邊也猛然地進行了水上戰鬥力的建設。華北各地聚集來了大量的水船。指揮艦等等的主要艦艇，也被重新建造。並且，他們命令這些水船行駛漢水，編成水師，連日進行反覆訓練。

根據《元史》，這支蒙古水師竟然有五千艘，兵員達到七萬。這是有點難以置信的數字。由於一艘大約為十四人，就船而言是嫌小的。但就算如此，如果真如此一數字所示，那麼參加襄陽作戰兵員的大半，就是變身成為了水師。

忽必烈及其策士們，不得不考量對南宋水師的對策。這是作為其對策的第一波。總之，蒙古幾乎從一開始就擁有名義上可稱作水師的配置。

不管是否真的是有五千艘、七萬人員的大船隊（這是因為五千、七萬這個數字聽起來實在是太過整然刻意了），但大規模水上船隊的目標一旦成立，接下來就是與陸上各部連動進行共同的大型軍事聯合演習。主將阿朮所率的純蒙古騎兵是機動部隊。以漢字通稱「蒙古・漢軍」的諸種族混成的華北方面駐屯部隊是步騎的混成軍。這些部隊是由出身自札剌亦兒（Jalāyirīyān）族一支的奧魯赤、許兀慎（Hü'üšin）族的遜都臺，另一支札剌亦兒族的阿拉康、鄂羅那魯族的海都（Qaidu）等等純蒙古將官所率領的。此外，西夏王族李恒，從南宋倒戈而來的劉整、保定軍閥張弘範、亳州萬戶史格等等所率的漢人主體各部隊，則以步兵為主力。

機動力及兵數都相異的這些部隊，各自負責與其長處相應的角色與地點。而且，以純蒙古族的鐵木兒・不花為首，由張榮實、解汝楫、遊顯等人所率的水師也成立了。在鹿門山與峴山兩個大本營的命令下，這些水陸兩軍在圍繞著襄陽樊城巨大環城的外側，依著設想的模擬作戰，進行了訓練。

一開始是大型的土木作業，接著是水師的大建設，接著是相繼進行的大軍事演習。耗費於此的費用與物資極為龐大。他們耗時三年持續進行。被配置到襄陽地區的蒙古方面士兵，較一開始的十萬多還更有增加。負責這些補給的後方支援人員，雖然無法確認實際數目，但無論如何都需要數萬人。

為了被投入到這裡的人員與資金，從各方面聽到傳言，以商人為首的各色人等聚集到這裡。襄陽地區的士兵完完全全是消費人口。襄陽地區的郊外一帶因戰時景氣而沸騰。在巨大環城的外側，每日熱鬧益增，但襄陽、樊城兩市城內，糧食的儲備則逐漸探底，焦慮與不安漫延開來。襄樊地區蒙古大兵團久佔不去，採長期戰略也與一直以來有所不同的這些異處，連賈似道所領導的南宋政府都無法不留意到。

南宋方面首先在至元六年（一二六九）三月派出張世傑所率的水陸小型部隊，在同年七月，令夏貴所率的五萬軍隊與三千艘兵船北上，在抵達包圍線前的漢水流域被擊退。因此，他們計畫作更大規模的部隊出擊，至元八年（一二七一）六月，令可以說是王牌，由范文虎所率領的水陸精銳十萬大軍團進兵，沿著漢水沿岸朝襄樊兩城北上。蒙古軍一直等著這一天的到來。耗時三年的佈陣與軍演，終於可以派上用場。蒙古軍的各支部隊，依著早就熟練不已的配置與分擔，漂亮地展開整齊有序的軍事行動。

南宋的機動部隊被引誘到蒙古方面所設下的作戰陣地中。南宋方面的陸戰部隊為阿朮直屬的蒙古騎馬隊從側面攪亂而亂了陣腳。在各隊彼此連絡斷絕的狀態中，搖搖擺擺地北進前往襄樊二城。

但是，在街道的要處，早已佈有蒙古方面的堡壘和附城，調整好迎擊態勢的蒙古方面華北兵團已經嚴陣以待。南宋軍體無完膚狼狽慘敗而走。在他們逃亡的路上，每一處都有蒙古方面的生力軍部隊交互待命。僥倖從蒙古手中逃走者，也在「空白障壁」原野中倒下。

另一方面，關於水上部隊，南宋軍在無條件且完全有利的前提下北上。陸戰部隊的糧食補給也有賴於水師。他們認為至少還有水師能輕易地進入到襄陽、樊陽兩城。

但是，溯漢水而上，直到接近差不多能遠遠望見襄樊二城的地標關頭的東畔鹿門山處，早已被設下強力的要塞，在與對岸城寨間的河面上，為亂樁與鐵鎖所遮斷。並且，蒙古的大船隊塞滿了漢水河面。光是看到數量龐大的蒙古船隊出現，對南宋水師就已是一大衝擊。而且，那與陸上的要塞群也是連動的。

對水戰擁有特別且絕對自信的南宋軍，一方面呈現激烈的動搖與混亂，一方面準備決戰。但是，他們無法撐過自蒙古方面水陸兩面而來的的攻擊。南宋船隊接連為火勢圍繞，許多船隻向漢水下游脫離戰場。

這個時期由擁有殿前副都指揮使頭銜的范文虎所率領的南宋水陸兩軍，以南宋中央軍團為核心，在南宋全軍裡頭是極為出色的精銳部隊。此外，南宋國內還有幾支軍團。但是，這些地方每一處都需鎮守要地，很難空下任地而出兵。現實上能夠作為機動部隊來進兵的，就是這時的軍團。

這支宛若紙老虎的水陸兩軍，被擊潰得幾近全軍覆沒。這場在襄陽南郊展開的水陸決戰，其實正是決定了南宋命運的戰役。

蒙古軍隊將南宋軍的最精銳引進「空白障壁」將之完全擊滅。這是戰略與作戰、組織力與統制力的勝利。

## 新武器「曼札尼克」

在這次決戰以後，南宋中央政府就束手無策了。中央首次舉全力投入的大規模部隊，一舉幾遭全滅，他們因而感到恐怖且動彈不得，決定對襄樊二城的情況置若罔聞，結果更演變成見死不救。

不過，他們其實根本不知道該怎麼辦。看不出來他們有甚麼勇敢面對事態，儘可能採取對策的態度。現在他們是身處明顯將至的恐怖跟前，卻又將目光從那恐怖源頭別開，甘於沉浸在每日的安逸中。一種無責任、無力感的氛圍，籠罩在南宋的宮廷、政府上頭。

身為南宋實際掌權者的賈似道，的確如當時文獻所述，或是近現代歷史學家們所評價的那般，在某些方面是有能力的人物。眾所周知，忽必烈也對賈似道的執行力及經營手腕給予很高評價。

但是，看看從這場戰役開始到南宋國迎向毀滅為止的四年整之間的束手無策和自甘墮落，吾人不得不說賈似道或許是長於內政，但卻不是一位可以背負國運局面的人物。他恐怕是一位「內向」的人物。這對南宋王朝而言雖然不幸，但就南宋國的人民而言，從結果來看也不能斷定說是不幸。

與賈似道不同，新派任擔任長江中游一帶京湖制置使的李庭芝，仍然試圖對襄樊作最後支援。那是一計在襄陽西北方從流入漢水的青泥河送入救援物資的奇策。為此他們雇用了漢水西邊的剽悍山岳居民三千名。這支以張順與張貴為主將的敢死隊，搭著載有給襄樊二城支援物資的船隻從漢水上游突擊。

此一奇策成功，襄陽在包圍後首次獲得補給。但是，那是最初的補給也是最後的補給。成功入城的張貴船隊，雖然下漢水力圖突破南面的包圍線，但這次卻遭蒙古方面殲滅。並且，在入城前的戰鬥中，主將張順身中三槍六箭，壯烈而死。其屍體浮在漢水河面上順流而下流至襄陽，據說引來城中軍民的悲慟之淚。在《水滸傳》登場的一百零八人的豪傑中，擅長水中的「博浪沙張順」，其印象據說就是來自於此。

時至今日，襄樊二城完全遭到孤立。然而，就算如此呂文煥仍然對軍民善加勉勵，持續籠城與抵抗。我們或許應該說，呂文煥的戰鬥，其實是發生在這兩年之間。

至此，忽必烈及其軍事參謀決定使用新的武器。那是旭烈兀汗國阿八哈（Abaqa）處派來的阿老瓦丁（Al al-Din）、伊斯瑪儀（İsmayıl）等技師所打造的彈射式巨大拋石機。這在波斯語被稱作「曼札尼克」（manjanīq）。其語源是希臘語的「mechanikos」，也就是mechanic或machine等語同樣語源的辭彙。

本來，中國方面也有小型的拋石機。既有鐘擺式發射的形式，也有蹺板式發射的形式。發射物也不僅只有石彈，其中也有塞填火藥的陶製煙花式彈丸。只是中國原有的規格是小型的。

蒙古每回在歐亞東西征戰時，都會學習各地存在的武器、戰術，並且不斷地致力於此。拋石機也是其一。並且，他們還禮遇專業技術人士，令之改良、開發更具優越效果的武器。在當時可將最大的石彈拋射至最遠距離者，是在旭烈兀汗國所開發的「曼札尼克」。

阿老瓦丁等人沒有擔憂要將此一巨大拋石機拆成個別零件，自己遠道帶來東方的必要。他們是隻身前來，在東方就打造了無數臺。只要有頭腦與技術即可。這就是一個就算某一「器物」沒有實際移動，「器物」也能夠在東西方傳播的絕好事例。

在中國方面被稱作「回回炮」的這個新型巨大武器，首先在至元十年（一二七三）一月被送到樊城。被架在城濠、外柵北方的曼札尼克處，不斷地有巨大石彈射來，摧毀了樊城的角樓、外廓，外柵也遭到燒毀。由於如此，蒙古軍隊一舉湧入，張漢英所率的樊城守備兵就投降了。

身在對岸襄陽的呂文煥等人，雖然想馬上趕赴救援，但橫跨在將兩城隔開之漢水主流上的浮橋立刻就斷裂，河面又浮現蒙古的大船隊。接著，樊城全城都遭曼札尼克所圍。看到那朝著對岸襄陽射去，輕易且平穩地自半空中跨漢水而過的巨大炮彈，連呂文煥都臉色發青了。

那火力陸續撞倒城樓，呂文煥等籠城兵員看到新式武器掃平城裡房屋及士兵、市民的恐怖與威力，頓時戰意全失。緊接著二月，他們舉全軍、全體居民向蒙古投降。前後長達約六年的籠城，在此畫下句點。

之所以能夠讓此一長期籠城戰在兩軍損傷僅少的情況下停止，皆是此一新武器帶來的衝擊所致。目擊到這個單以人類力量無法壓制的新武器，在籠城中團結一致的軍民們也終於決意放棄。看在主將呂文煥的面子上，他們接受此一安排，聽從投降、開城的勸告。

在每一個人的眼中，時代早就發生變化。

## 令人訝異的骨牌效應

忽必烈相當禮遇前來投降的呂文煥及其部下，還有兩城的居民們。

忽必烈封主將呂文煥為漢水方面的軍司令部，即襄漢大都督的職位，至於其部下們則給予意為忽必烈直屬部隊的侍衛親軍頭銜。接著，又決定將這些投降部隊照舊委任於呂文煥的指揮下。呂文煥及其部下將士們所處的環境及待遇遠較過去為佳，他們對這些厚遇表示感激。

呂文煥及其將士們，很明顯地對於對自己採坐視不管態度的賈似道主政的南宋政府感到不滿、埋怨。在瞭解到事情真相後，其怨恨立刻轉為激烈的憤怒。

在襄樊攻防戰中失去兄長文德的呂文煥，對南宋國已無難捨與留戀。呂文德過去與賈似道關係密切親近，但在兄長死後賈似道所採的態度，令呂文煥覺得不可原諒。因為呂文煥及其部屬的滅亡，看起來似乎如賈似道所願。呂文煥興起復仇之意。

忽必烈及其政權既禮遇武人，也正確地對其實力及功績給予評價，與世人預想相反地，亦不存人種歧視之見。在忽必烈身邊，有許多「漢族」靠著他們的能力在工作。諸如不當的左遷與心血來潮的處罰，至少和日夜黨爭、猜忌的南宋國相比都來得少。

呂文煥及其將士們確信忽必烈才是自己的主人。呂文煥盼望在對南宋作戰中能夠全面配合、積極參戰。

這兩方在襄樊攻防六年中彼此對戰的敵與敵，就這麼合而為一。在南宋屬屈指精銳的呂文煥軍隊，成為蒙古的「伊魯」（夥伴）。呂文煥活用兄長呂文德所建立起來的人脈，進行南宋國內的離間及疏通工作。然後進一步地接下擔任全面進攻南宋的前鋒。

呂文煥的行動大大地改變局面，使得一切突然轉向對蒙古方面有利。不只是軍事上的計畫，最重要的還是南宋全境赫赫有名的名將，原本對蒙古抵抗最為激烈的呂文煥，反而受到禮遇，這回站在最前線進軍而來一事，等於成為蒙古並非毫無慈悲蠻族的最佳證明。

另一方面，這對南宋幾乎成為致命傷。這個將富於實戰能力的強力伙伴，培養成一位瞭解內情，動搖自身基礎之可懼敵人的賈似道，則是太過大意了。

此刻，由於中亞情勢日漸緊迫，忽必烈考慮到要中止南宋作戰。但阿朮、史天澤、呂文煥等前線將官以及忽必烈身邊的漢族參謀、學者策士們皆一致認為這是一股作氣合併南宋的絕佳機會，要求繼續作戰。召開御前會議聽取意見的忽必烈，在深思熟慮後，決意往南宋國大進攻。

南宋作戰在這裡進入了另一個階段。歷時一年不斷推敲的作戰，重新地形成了一個從涉及南宋的所有方面全面進攻的計畫。其案仍是在不太動用蒙古兵的前提下再度編成大軍團，然後任命出身八憐族（Bayarin）的年輕左丞相伯顏（Bayan）為全軍總司令官。

至元十一年（一二七四），蒙古的大進攻在各國界線上一齊開始。伯顏的中央主力部隊二十萬，在呂文煥軍隊的前導下，水陸合進沿漢水而下，轉眼之間就令鄂州開城。南宋軍幾乎沒有抵抗。呂文煥的疏通發揮很大作用。

由於長江中游最大要衝鄂州全面投降，這個「長江防線」早就失去意義了。「空白障壁」及「水的障壁」都消失了。而且，伯顏以降的蒙古軍隊都令降伏的南宋軍人、地方官留任現職，對城市、居民也未予驚動。要言之，情況幾乎甚麼都沒有改變，蒙古也未加以改變。

如此一來，過去畏懼這個看不見身影號稱「蒙古的恐怖」的江南人們，皆爭相投降、開城。這股浪潮擋也擋不住。江南全境發生了巨大的骨牌效應。在蒙古軍所至之處，各城市及居民皆不戰而降、開城歡迎。收編了接連投降南宋軍隊的伯顏主隊，成為可怕的大軍團，渡過長江。那已經不是戰爭，而是行進。

忽必烈的「不戰思想」，在伯顏以降的將士群中很是徹底。戰鬥本身不是目的，組織化才是他們的目標。南宋的舊行政、軍事組織，在蒙古軍隊行進下毫無損傷地再度組成。作為系統的戰爭，一直被貫徹到這裡來。

賈似道不得已地率領十三萬南宋中央軍隊，在至元十二年（一二七五）三月為了迎擊而出陣到蕪湖，全軍慘遭瓦解。南宋的命運氣數已盡。

## 一統中國

伯顏主力部隊自離開襄樊二城以來就幾乎在沒有戰鬥的情況下進兵。然後，杭州在至元十三年（一二七六）正月無血開城。南宋國朝野皆在和平氛圍中成為蒙古領土。南宋治下的人們對南宋王朝皆很冷酷。

其後，來自舊南宋首都的逃亡兵，挾著南宋皇室的兩位幼主往東南沿岸地帶奔逃，在三年後的至元十六年（一二七九）二月，於廣州灣頭的厓山投海而死。令人感到有趣的是，許多場合都把這稱作南宋國滅亡。也有某些人認為，所謂「元朝」這個「中華政權」是出現在這一年，一直到明軍攻擊大都造成所謂「元朝滅亡」的一三六八年為止，只不過是一個國祚不到九十年的「短命政權」。

這是古代王朝時代的「正統史觀」。這個也可以稱作「王朝輪替思想」的古怪想法，現在也令人意外地受到廣泛信奉。

蒙古政權從創立到杭州投降這一年為止已經歷時七十年。這個廣域的政治權力，就算其核心勢力在失去大都退回到蒙古高原去，也並非「滅亡」。另一方面，坦白說，名為南宋的這個國家是在一二七六年消失的。只是，明代以後的觀念論者仍無視此一歷史上的現實，憐愛這個「中華王朝」使之拖延到三年後才滅亡。這種意識型態就算它其實有許多只是擺擺架子的層面，但就情緒而言也不是不能理解。

如此，中國本土全由蒙古接收了。蒙古經年累月幾度失敗後，到了忽必烈一代，中國南方終於得手了。這個吞併江南的大業，自一二三六年闊出南征起算已經過了四十年。

忽必烈將這個在歐亞大陸坐擁最大富庶的江南，在幾近無損的狀態下入手。蒙古皇室的其他成員大體上都沒有插手這個接收作戰。江南可以說成為忽必烈個人的囊中物。忽必烈成為一位不只是歷代大可汗，在人類史上也是最富強的帝王。

回過頭來說，自金與南宋對立起算，業經大約一百六十年。若自西元九〇七年，也就是與唐朝的滅亡同一時間，自稱「皇帝」的契丹耶律阿保機與後梁全忠這「兩位皇帝」的狀態開始的契丹遼帝國及五代、北宋政權的南北對峙起通算的話，中國是睽違三百七十年再度整合。如果追溯到重視「統一」現實面的唐玄宗時代來考慮的話，竟然是相隔五百三十年的整合了。

四川方面的南宋軍隊也投降了。有關廣西或江西、湖南的非漢族地區也是一樣，在杭州開城以後蒙古各部隊的展開下，他們幾乎不戰而降地迎接蒙古統治。結果，長江以南的版圖包括既已納入蒙古領土的雲貴高原在內，大大地擴張。那全是濕潤世界的版圖。並且，從中國的立場來看，「中國世界」是往南方擴大了一圈。

忽必烈及其策士們所進行的新國家「大元汗國」建設事業，進入到下一個階段。

# 3 躍居海上帝國

## 南宋的遺產

透過得到中國南方，蒙古作為一個出身自遊牧民的國家，進而開始往海洋世界發展。這在世界史上是頭一遭。蒙古帝國的歷史也好，忽必烈的新國家也好，到了這裡踏入了一個完全不同的層次。

那指的是通往海上帝國的道路，尤其是海軍力的持有。

在南宋國所培養的海上艦隊中，雖然也有往南方出逃而在厓山沉沒的艦艇，但剩餘的皆成為忽必烈政權，也就是大元汗國的所有物。大元汗國幾乎是原封不動地繼承了南宋國一百五十年的遺產。這項演變所具有意義很大。

本來擔憂南宋國在海上發動攻勢的忽必烈及其軍事參謀們，對於海洋戰鬥力的獲取頗為熱衷，他們甚至熱烈地招諭擁有海上艦艇的「海盜」們。朱清及張瑄等人就是代表的事例。

另一方面，就算是鮮明表現自己附庸國立場的高麗，也積極地令之建造海上用的艦艇。那些船隻被用來壓制高麗方面反政府勢力所佔據的珍島，接著是耽羅島也就是現在的濟州島，其後又原樣用作第一次遠征日本時的艦艇。日本所說的「文永之役」，很明顯地是以至元十一年（一二七四）為期，一齊進行大進攻的第二次南宋作戰的一環。

不過，只要窺探一下南宋國的直屬艦隊，不管怎麼看，那最有力的既有海上勢力，都是以泉州為中心，在中國東南沿岸各城市進出的貿易船隊。尤其是以泉州為地盤的蒲壽庚以及在其命令、管轄下的以穆斯林商人為核心的船隊。

其實，早在南宋作戰甚早的時期，他們就展開和這些穆斯林海上商業勢力的接觸。在杭州無血開城後，往南方逃亡的微小「流亡宮廷」也對蒲壽庚抱有期待。在豐饒且有安定稅收的泉州，有南宋王室其中一族代代居住。「流亡宮廷」正圖以泉州為安住之地。

只是，他們對待蒲壽庚這位身為伊朗乃至阿拉伯系的海洋商人，在名義上則完全是南宋國的「提舉市舶」，即管制船舶與通商行政官的態度，是非常不謹慎且過度傲慢尊大。當然，這在這一個沒有大人物參加，只以政治手腕令人不安的陳宜中為名義上代表，由原本是從中國北方流浪而來，乃無賴漢出身的下級士官張世傑掌握實權的流亡「小宮廷」裡頭，或許是沒辦法的事。

他們的態度激怒了蒲壽庚。他單獨與「流亡宮廷」為敵作戰，將他們趕出泉州，與蒙古聯手。忽必烈透過攏絡蒲壽庚，使海上通商勢力完整到手。蒲壽庚也協助忽必烈政權往海上發展。蒙古政府開始於泉州建造大型船艦。

## 世界史上最早的海洋艦隊

對蒙古而言，嘗試在接收南宋後把海上戰力組織化的最早機會，就是第二次的日本遠征，也就是「弘安戰役」。至元十八年（一二八一），以日本的元號來說是弘安四年，有一支載有十萬兵員自江南而來的大艦隊，渡過東中國海來到九州。一般稱為「江南軍」。

然而，無論再怎麼尋找史料，所得結論是這支軍隊似乎是幾乎沒有武裝。其成員可以說是搭載著舊南宋國職業軍人中志願者的「移民船隊」。過去以來，人們動不動就對十萬這個數字吃驚，總先入為主地形成「強大的蒙古暴風」對「弱小的日本國」這種印象。

但是，純粹的戰鬥部隊恐怕可以說是只有由高麗國出發的「東路軍」。並且，在那四萬之中，真正投入實際戰鬥的，只有蒙古、契丹、女真、漢族混成軍隊中的六千左右，以及高麗兵中的四千到五千左右。也就是說，一萬上下的戰力才是真實狀態。

那些軍隊渡過對馬海峽的波濤而來。而且，在每一個上陸的地方，都築有「石築地」。日本兵占有地利。從「大陸方面」來看這場「弘安戰役」，蒙古遠征軍隊會輸也被認為是理所當然的。

雖說如此，根據某一位治學嚴謹的日本史學者的說法，日本方面從數萬到十萬等等的數字，從當時社會的現實來講是毫無道理的，正確的計算雖然很困難，但從各地糾集過來的人們中能夠成為實戰力的，充其量僅止於五千名。如果真是如此，那麼考量到遠征的不利與地利之便，那對兩軍而言可能是一場實力相當的戰爭。若是如此，「颶風」在勝敗的直接決定因素來講就具有意義也不一定。

儘管如此，那反正也只是一種印象論而已。那只不過是一直以來「巨大的外在壓迫」與「弱小的日本」這種印象太受到喜愛罷了（那是一種自幕末、明治以來有的「癖好」。筆者認為「元寇」此一歷史用語，應該是作為一種中國文獻所使用之「倭寇」的對照，是誕生於江戶時代的人造新辭。）相較於那些話題，這裡更想關注的是自江南出發的大艦隊本身所持有的意義。

總之，這支艦隊是強渡「外洋」而去的。是一支由航海艦組成的海軍。並且，又乘載了十萬這個超乎常理的大集團，其輸送能力實在是令人吃驚。而且，那是接收南宋國後僅僅五年以後的事。我們不得不說它有非常程度的組織力與建造力。既存的水船是無法直接轉用作海船的。如果不是備有龍骨，設備與結構實在的船隻，將無法承受海上波濤。

其實，第二次遠征日本中的「江南軍」，在人類歷史上，恐怕幾乎是最早，而且很明顯是最大的，完成了「外洋航海」的大艦隊。

在那以前，歷史上其實沒有甚麼大艦隊的事例。如果說不得不要舉出久遠事例的話，可以想到的就是投入「波斯戰爭」的大流士（Dareios）海軍，傳說是一支巨大的艦隊。不過，那支艦隊只不過是渡過頂多只能算是「內海」的「內海」的愛琴海，而且還是緊緊沿著陸地而行進的。就連只是色雷斯（Trakya）一處的岬角，都因風勢過強無法通過，而特地在半島的根部地段地勢較細之處開鑿專用的運河。再者，所謂「十字軍」這一連串歐洲人的來襲，其大多數也還是渡「內海」的地中海而來。那和遣唐使船隻耗盡艱辛的東中國海波濤是無法相提並論的。

蒙古在接收江南後，轉眼之間就成為一個擁有巨大海上艦隊的帝國。在南宋國一百五十年之間，萌芽茁壯的造船力與航海技術，在忽必烈帝國這個具有罕見目的凝集力的國家主導型政權影響下，一股作氣以人類史上最大的航海艦隊來登場。忽必烈的大元汗國一方面也是南宋國的後繼者。內陸型的軍事政權與海洋志向型「生產社會」相以連結的結果，催生了這個過去未嘗有的新形式。

然而，過去以來人們總將其與遠征日本作關聯性連結，認為其時的艦隊由於強迫徵發江南人民之故，導致偷工減料嚴重，才會一遇颶風就慘遭沉沒等等，說得好像親眼看過似地。但是，那只是一種「解釋」而已。

的確是有徵用或迫使建造一部分艦艇的事實。不過，有關那建造及勞動的費用又如何呢？如果物資、工資，政府都不必支付的話，那麼被用於造船的人們，應該會直接引發大動亂才對。更何況，我們根本沒有佐證「偷工減料」等「解釋」的證據。

還有，第三次的日本遠征之所以未能實現，也有說法偏向解釋是江南的諸多叛亂及越南的「抵抗」所致等等。但是，其實證作業是有困難的。由狀況來看，要將那作連結解釋，也缺乏說服力。

江南山岳地帶的反亂、暴動，自南宋時代起就不曾斷絕。在日本遠征的前後，以及在其中途，也沒有任何改變，持續發生。並不是先有日本遠征，才發生了叛亂。還有，即便說曾經從軍參加日本遠征的中階指揮官劉國傑，帶著不滿五千的「征東兵」來平定內陸地帶的叛亂，要將之視為中止征日的理由也是很牽強的。

在文獻上，僅有一次是忽必烈於至元二十年（一二八三）指出江南民眾多苦勞，故下詔中止「征東」，這成為上述說法的佐證。策士之一崔彧的進言也與此相對應。

但是，那只是「口實」。真正的事實是，過去對忽必烈政權而言曾是最大後盾的東方三王族之動向開始變得奇怪可疑，才使得遠征日本無法進行。並且，實際上以斡赤斤王族乃顏（政權樹立時忽必烈盟友塔察兒之孫）為中心的大叛亂，造成了七十三歲的忽必烈也被逼得親自出擊的窘境。

原本用於遠征日本，在大都中央政府主導下開始編成的強力部隊，以及滿洲、遼東半島、高麗方面的各種部隊，也不得不陸續北上。然而，這時的第三次「遠征日本」，與目前為止的兩次不同，是由中央政權直接參與策畫的。這是一支在過去滿洲方面軍隊與高麗王國的基礎上，再加上中央政府所屬軍團與艦船的「最強」遠征軍隊。此事若是細讀《元史》的世祖本紀等等就馬上可以瞭解。其他還有很多文獻證據。筆者認為鎌倉幕府在「弘安戰役」後也沒有鬆懈九州方面警戒態勢的作法是正確的。如果這支遠征部隊按原定計畫派至日本，這個時候日本應該就真的很危險了。

結果，戰鬥都在東北亞一帶展開，高麗國也成為戰場。包括原本應派往遠征日本的船艦在內，積載著來自江南及華北兵糧的船隊，頻繁地巡航遼河河口及遼寧沿岸一帶等等。由船艦負擔的大量物資移動與補給，現在是忽必烈政府軍隊的強項。前後長達五年的大叛亂的結果，使得遠征日本無法達成。那是第三次沒能進行的最大，也幾乎是唯一的理由。其他以外的理由可以說是不存在的。

事實上，這場叛亂一平息，忽必烈就立刻於至元二十八年（一二九一）遣送使者到日本。他並沒有丟棄遠征日本的意志。只是，忽必烈在三年後就長眠辭世。其後海都的大侵略及隨之而來的政治情勢轉變，一直在忽必烈帝國的中心部分持續下去，結果還是無法實現第三次征日。

越南的「反抗」也幾乎與遠征日本的中止幾乎無關。因為負責的部門完全不同。

說到第二次的「江南軍」，在蒐集碑文資料等等過去從未被使用史料的發現下，意外知道從主要將官到下士官階層，幾乎都平安地回到部隊陣營。似乎是只要搭上某種規模大型船艦的話，就沒有問題的。在當時的漢文文獻中，有一件江南軍隊十萬中，平安回來者僅僅只有「三人」的有名記錄。有關其原因，其中一點是漢文的「文飾」。另一點是談及此事的《元史》外夷傳日本條等等一直以來時常被引用的記錄，其實是基於元代末期的某種特殊狀況來作成的一系列文獻。其來源存在疑問，實際上是不可能保持原本意義的（《元史》雖說是正史，但那是明代洪武帝基於一種必須將仍在北方健在的大元汗國說成是「滅亡」的緊急政治需求而勉強修纂而成的。因此，其中有部分使用資料不可輕信。就算是同一部《元史》，也有因章節不同其史料性完全不同的情況。此外也屢有與《元史》基礎文獻相牴觸的情況。在結果上可以相當程度地瞭解《元史》的正確及杜撰部分各為何。這樣一個文獻學上的知識，只要稍對《元史》有所接觸的人，就能夠馬上明白）。

「蒙古大艦隊」的主力艦艇似乎沒有太大程度受損。比較可憐的應該是分別搭上「移民船隊」專用船隻的人們。只是，那也是有很大程度的想像。究竟有多大程度的人真正沉入海中，或是雖然上岸，但遭到日本軍隊殺害，或是成為俘虜的呢？其實都不太清楚。

有些不可思議的是，其後在江南悼念戰歿者的動向，不問公私，在記錄上都看不到。難道說真正隕落生命的人其實沒有太多嗎？或是，在中國觀念中士兵被視作卑下的一群，一般士兵的情況，恐怕也沒有家庭或妻子，就算是失去生命，也沒有誰會來為他們追悼呢？

如果是後者的話，就真的令人覺得憐惜。在這一點上，歷史上大多數的紀錄其實只要談到無名的百姓，就實在冷淡。然後，所謂的歷史家對於不為既存的印象或文獻的表面所惑，究竟何為「真正的事實」？追根究柢將真相查明一事，其實大多是無力的。

## 海洋與內陸銜接

所謂的「江南軍」之中，大型船艦有一部分是蒲壽庚所建造的。他們向東南亞各地的派兵，也不能忽視背後有蒲壽庚為首穆斯林商業勢力的存在。

遠至越南、占城、爪哇的遠征，皆是以「海上進攻」的形式來進行。進攻軍團的班底成員紛呈不一。蒙古是以位於派駐前方的各支部隊編組、調整、組織成遠征軍隊。但是，運送那支遠征軍的艦隊，也有同樣的人員參與其中。攸關遠征的器物、物資等等的籌措調度也有相當程度是借助穆斯林海上商人們的力量。

人云忽必烈政權所主導的向東南亞「海外派兵」，由於炎暑與疫病，以及當地人們的「反抗」，和遠征日本一樣以「失敗」告終。不過，這些遠征是否真的能夠無條件地就下結論說它們是以該地的軍事征服及恆久支配為目標，則大有檢討餘地。

至於蒙古時代兀良哈臺軍隊曾由雲南出擊，並席捲其國內的越南，情況則稍微複雜。越南自唐宋以來都處於一種遭到由制服中國本土的中華政權「侵略」的模式。或許也因為如此，在忽必烈時代越南也有一種旺盛的對戰態勢。對於採取此一態勢的越南，忽必烈其實絕不像過去那般要趕盡殺絕。

更何況相較於那些覬覦越南的國家，不如說蒙古遠征軍在現實上其實沒有甚麼實戰的意願。他們看起來就像是敦促臣屬或來朝貢的宣傳部隊一般。海上艦隊本身幾乎沒有受損。那是因為，如果忽必烈中央政府直接計畫，認真地以單純的軍事征服為目標的話，應該就會再編成稍加強力的遠征軍隊。這從當時的客觀狀況來說是十足可能的。

然而，實際上不管是哪一支「遠征軍」，都是由三線、四線級的人員擔任「指揮官」。其陣容至少就陸戰部隊而言，差不多都很薄弱。就蒙古軍隊或大元汗國來講，是極為微小的規模。那程度就好似使用幾支江南駐屯部隊中處於末端的小股部隊一般。和遠征日本時是不成正比的。

若要以「強大的蒙古軍隊侵略東南亞」來形容，實在是令人感到奇妙費解。從「攻擊一側」的蒙古方來看，與其說是詳加檢討原典史料結果下的見解，還是不得不說那近乎是一種印象論。

整體檢視這樣的一個南方遠征，經濟上的面向遠較軍事上的還要明顯突出。令人留意到那應該是為了敦勸通商或交易，確保海洋的通商路徑與其據點港口。艦隊也是近似於武裝過的商船隊伍。吾人可以大膽說，他們不是企圖以軍事征服陸地，而是為了要制伏海域。而且，從「遠征」的計畫及立案開始，整體的過程中都看得到穆斯林商業勢力的影子。

那尤其在一二九二年的遠征爪哇時特別明顯。空以「遠征軍」為名，其實際狀態則幾乎是穆斯林海洋商人主導的貿易船隊，可以說是國家與擁有特權的海上企業聯合發起的貿易振興事業。身處中央，認可來自南方「前線」申請的忽必烈及其策士們，應該是這麼設想的。但是，看看爪哇的情況，由於當地的紛爭因此被要求出動部隊，陸戰部隊不小心地翻過山嶺介入了他們的國內戰爭。被利用於內戰的結果，就是撤退。忽必烈之所以會震怒是想當然爾。他不只是為敗戰而怒，而且是為了前線人員竟在沿岸地帶的通商活動預定行程之外，反而招來沒有必要的混亂而怒。此外，搭載一萬五千名左右兵員的這支船隊，作為由南中國海「航洋」爪哇海的艦隊來講，恐怕是史上最大的。

這樣的一個「海上發展」，在南宋時代就已經是處於可能狀態。但是，那只停留在民間的步調，只是沿岸地帶特定人群的問題，沒有由國家、政權親自計畫、組織航海發展海外交易的發想。政權的體質完全不同。

對於與蒙古一體化的穆斯林商業勢力而言，政權及其前線機關所計畫的「遠征」活動本身是一項營利事業。然後，這些「海上遠征」也不妨說是一種傳達「大元汗國」偉業，企圖振興貿易與經濟的展現。稍具規模的「軍隊」則是保鑣。

蒙古早自成吉思汗時代就與從事內陸貿易的穆斯林商人聯手，持續了可以說是「共生」的關係。那關係發展至此，其軍事與通商的結合也由陸地發展到海洋。

有關從東南亞到印度洋方面，忽必烈政權那種行使武力的政策作法，幾乎是以至元二十四年（一二八七）為界，明顯地轉換到以建立和平通商為基軸的關係為優先。接著，在忽必烈時代末年，包括擊退蒙古「侵略」的各國在內，結果都入朝忽必烈政權，相繼締結了表面上從屬，實際上是通商的關係。忽必烈中央政府的回應是極為重視且優渥的。這一點與作法多少有些粗魯的前線人員們是不同的。東南亞各主要港灣城市，開始派駐有忽必烈政權遣來的貿易事務官。大元汗國的直接關係國自僧伽羅（Simhalauipa）即現在的斯里蘭卡，遍及印度的西海岸。在此，東中國海不消說，就連從南中國海到印度洋的海域，也成為大元汗國艦隊的海域。自彼往西的阿拉伯海，則早就處於旭烈兀汗國的勢力下。

要言之，在十三世紀末，從中國到伊朗、阿拉伯方面的海域以及所經由的海路整體，就進入了蒙古政權的影響下。那意味著歐亞的內陸世界與海洋世界因蒙古而完全接合在一起。隔閡中國本土南北的「空白障壁」也以陸路、水路及海路重新聯繫。在單一的主權下，歐亞的東西方沒有接痕地的在陸上及海上兩邊連接起來了。蒙古成為了人類史上首次的陸與海的巨大帝國。然後，與此同時，循環歐亞的交通網如今已經清楚地出現在眼前。

來自東方的中國戎克船，和來自西方的阿拉伯單桅帆船在蒙古所掌握的海路中往來。交通、通商、政治在海上緩緩地系統化。在與世界帝國蒙古合作的蒲壽庚等大型的海洋商業資本下，中國東南的沿岸諸城市呈現了史上空前的活絡盛況。特別是泉州，有來自世界各地的貿易船聚集。並且，以刺桐（Zaiton）為名，在歐洲也成為頗負盛名，成為世界首屈一指的貿易港。在歐亞屬於最大的江南之經濟力及產業力，透過以蒙古力量為背景的穆斯林商人們之雙手，被帶到了世界。

這個「海上之道」，經過慶元（日後為明代的寧波），以及世界最大的城市杭州，一舉渡過「北洋」，從直沽經過通州連接到大都。九州博多灣一帶，可以說這個「歐亞循環交通網」東端的轉運中心。

有趣的是，作為現成上海起源的港埠，在這個時候於歷史上現蹤。處在松江管轄下的上海縣這座沿海而立的小城鎮，之所以會具有其相應的意義，海運乃為其前提。他們在此也設置了市舶司。

上海在蒙古時代首次具有意義。那是因為能夠使之具有意義的政權出現了。然後，她在以動力船進行外洋航海成為理所當然的「西力東漸」以後的近代世界，又再度嶄露頭角。

順帶一提，名為杭州的城鎮在蒙古時代其實更加繁榮。明代以後則有所衰落。被稱作「刺桐」，在西方世界名震一時的國際貿易港泉州，也是在明代急速衰退下去的。蒙古時代及其後兩者之間，在城鎮方面的盛衰上有很明顯的落差。國家及政權，以及其所採取的經濟體系，是可以影響一個城鎮的生死，有關這點，一直以來都沒有好好地用率直的眼光對事態加以觀察。

無論如何，蒙古時代的中國方面，那「蠻族」、「非文明」、「異民族王朝」、「征服王朝」等負面印象，還是特別地強。因此，要將繁榮稱作繁榮，事實當作事實，在研究者心中或許還是存有相當的微妙心理或抵抗感。

# 4 重商主義與自由經濟

## 忽必烈政權的經營戰略

在忽必烈的國家內部，尤其應該注目的特點，是它一方面原以遊牧軍事力作為基盤的軍事政權，但最終卻不倚靠軍事力的支配，而是將國家經營的主軸放在經濟的掌握上。與此相關者，就是發揮了中華帝國特長的行政機構，它是聯繫這個軍事與經濟的仲介角色。

忽必烈及其策士們，很早就抱有經濟立國的思想，從一開始就考慮到創造世界性規模的流通、通商。而接收南宋及海外派兵，則是為了達成其目標的巨大計畫。至於利用既存的交通、運輸網絡，一方面整備驅使水陸海的巨大流通機構之硬體設施，也屬於其前置工作。

既然是親自創造流通經濟機構，那就要將其中所得利潤課稅貢獻給國家財政。成為其核心推手的，是伊朗系的穆斯林商人勢力及其出身的經濟官僚。

忽必烈活用被稱作「斡魯脫克」（Ortogh）公司組織的這樣一個穆斯林商業企業家集團的力量，促進物流與通商，也促進了產業化。然後，又將相關的有力人士晉用為財經官僚，以政經一致的方式推進經濟政策。

本來，蒙古境內，在成吉思汗統合高原之前，其周邊就有穆斯林，特別是伊朗系商人們來來去去。其後，當蒙古一轉移注意到對外戰爭，這些中亞、伊朗方面出身的穆斯林的活動就更加頻繁。以通商團為名，組成商隊開赴敵地，展開內情調查、攪亂工作和計略活動。在針對城市或國家政權的降伏勸告及交涉調停的使節裡頭，大致都有穆斯林參與。

支撐遠征軍及對外戰爭的各種物資調度和籌措，其輸送網的確保等等，也多由伊朗系的穆斯林商人、官僚們來負責。蒙古軍事遠征的兩個特徵即情報戰、補給戰中的每一項，都有穆斯林勢力極深程度的參與。極端說來，蒙古只要使勁地往以穆斯林商人為中心而準備好的通路行進即可。

在那之前，中央歐亞各地所到之處，就有伊朗系穆斯林商人們的活動據點。遠征的成功在途中就已得到確保。甚而，穆斯林的能力在征服後的統治與運作上得到更大發揮。特別是徵稅幾乎完全委任給穆斯林，那多數是以「承包」的形式來進行。

如此，對於這些穆斯林商業勢力來說，蒙古的擴大是與他們自身的利益直接連結。對於從伊斯蘭世界往東方去，已經個別地展開通商活動的穆斯林商人們來說，這些地區被置於單一主權下，在其庇護下得以安全、自由進行大規模的經濟活動是最理想的。

穆斯林商人可以說是為了進一步擴大自己的商圈和更大的利潤而利用了蒙古的軍事力、政治力。蒙古也利用了這些穆斯林商人的資本力、情報力、通商網更圓滑順暢地推動自己的遠征與擴張。就世界帝國蒙古的形成而言，伊朗系的穆斯林商人們是不可缺乏的要素。

在極短的歲月時光中，蒙古得以達成令人驚訝的擴張，其背景可以明顯見到這樣一個軍事與通商的結合。而且，現在它更向海的世界發展。

忽必烈政權統合、組織化陸上與海上各股穆斯林商人的力量，並較過去更大地有效發揮他們的力量，讓他們成為「世界通商圈」的主要推進力。

忽必烈在政權建立後立刻就以阿合馬（Ahmad）為首創造了專管經濟、財務的特別中央機關。其機關的名稱以漢字寫作「制國用使司」。「國用」就是掌管國家出入之用的職稱及其機關。就漢字的排列而言，不甚「文雅」。就現代風格來說就是「綜合財務廳」之意，可以說是令人感覺到一種直截了當的外來語味道。其發想的源頭恐怕是伊斯蘭世界的「迪旺」。

這個職務及官署，數年後被提升等級改名作「尚書省」。之所以要改稱作「尚書省」這個古典文雅的名稱，就是與中國傳統中央政府中書省同樣等級的另一個中央政府之意。

話說，過去的中華王朝裡頭只有統轄行政人事機關的中央政府而已（其名因時代而異），統轄經濟方面的中央官廳、中央政府的發想並不存在。經濟、財務專管機關並非沒有必要，但他們非常排斥將之突顯於政權的體面上。終唐末、五代、北宋之世，雖然有「三司使」這個經濟主管部門，但那完全是屬於中央行政部門的下轄組織，原則上是一不得已才設置的存在。

本來，歷代的中華王朝對於商業或相關的事物就很消極。他們設定古代的理想王朝、理想社會，無法完全自「以農為本，以商為末」的農本主義、自然經濟原理主義的價值觀脫胎換骨。無法捨棄鄙視商品或商品生產、流通的立場（雖然有「經濟」這個語彙，但那不是經濟的意義，而是「經世濟民」之意。要言之，就是政治。同樣地，「政治」一詞是「政事」之意。或者是統治的美稱。）

當然，那是一種表面上的大道理，卻也是一種頑固強烈的大道理。王朝與社會，地主與民眾，都受到這個道理制約。道理與真實，就如同月亮的表裡一般，一方面作為一個陰陽相鄰的一身同體，一方面一到了公開場合就只有大道理才會被推出檯面。所謂的中華王朝很明顯就是一個意識型態的存在。其實，商業到了唐宋時代就漸次發展，在南宋治下的江南裡頭，特別是城市區域及沿岸港灣的活絡盛況更令人目眩。但是，國家與政權則不採主動獎勵利益追求、積極參與的姿態。因為其政權本質就不是如此。乍看之下很清廉正派，但那只在表面上，在其裡層，其實政權及官僚士大夫都未忘記要徹底地吸噬商業及其相關的利益。要言之，是只管榨取的角色。對商業可以說還堅持偏狹、固陋的態度。

蒙古在這樣的原則裡頭本來就是自由的。他們沒有應該標榜的理想與原則，相反地是直視現實，重視經濟與商業。特別是忽必烈政權是將之推向前面，主動地培養以追求利益為本的商業、企業集團。其國家經營的中心機關則是尚書省。

以現在日本國政府的省廳機關來比喻尚書省的管轄與職掌的話，是相當於統合了總務、財務、文部科學、農水、經濟產業和國土交通機構。是過去中華世界裡頭無法想像的存在。尚書省及其相關人士，在漢文史料不常被提及是理所當然的。在表面原則上，國家政權若是意圖「賺錢」，那真的是不得了的事。更何況，尚書省的主要班底皆由伊朗系穆斯林來組成，因此他們對於忽必烈政權經濟政策的非難，除了價值觀、文明觀的差異外，又加上了人種的因素。另外我們也不能忽視在南宋時代達於一個頂點的「華夷」思想，這種將人類以人種、宗教、文明、文化差異來強烈歧視的意識，特別在漢族士大夫影響下助長其面向。

藉由國家主導的自由經濟活動，國家社會得到發展，藉此人類的活動、精神與行動的範圍，甚至是生活的方式，也有各式各樣的多樣化、活潑化。這般狀態酷似近代以降西歐的國家與社會，和資本主義的形貌，與我們現在的樣態也是共通的。忽必烈帝國的體系，作為它們的先驅，在世界上是極為值得注目的。饒富興味的是，其很明顯地具有撫育至今為止被歐亞陸上、海上經濟活動忽略的「周邊民」的面向，可以說是藉由經濟來從事的「教化」。總而言之，即使說是經濟政策，其真正意義也不僅止於此，在廣義上乃是一種帝國統治的戰略。

**＊斡魯脫克為「公司」之意**

穆斯林商人們創造出被稱作「斡魯脫克」（Ortogh）的共同出資組織，透過大規模的資本力及提攜活動，進行所有的經濟行為。「斡魯脫克」在突厥語裡頭為「伙伴」、「組合」之意。在當時的國際語波斯語中發音為「斡魯塔克」，漢字則寫作「斡脫」，皆為「斡魯脫克」的音譯。

要言之，這個斡魯脫克就是現在的公司。穆斯林商人勢力創造大大小小的許多斡魯脫克意即公司來展開活動。其中也包括了在蒙古領土內建立和穆斯林商人幾乎不同地盤的各種畏兀兒商人或漢人商業勢力。然而，在資本規模來說，則顯然不敵「斡魯脫克商人」。

大型的「斡魯脫克」成長為從通商、運輸、金融到徵稅、兵站、軍需為止，甚麼都有所涉獵的企業體。在這個意義上，乃是接近於「綜合公司」。其下又形成中小型的隸屬「斡魯脫克」的系列集團，亦屢與其他大型「斡魯脫克」締結合作關係。而且，其活動範圍是超越一個「文明圈」，遍及於蒙古領下的東西。例如，可以說是旭烈兀汗國附庸國的安那托利亞（Anatolia）的魯姆蘇丹國（Saljūqiyān-e Rūm）內部，也有斡魯脫克頻繁活動。其班底除伊朗系穆斯林外，還有畏兀兒、漢人，甚至還有歐洲人。正可說是「多國籍企業」。

## 國家收入來自商業利潤

大元汗國以這些穆斯林經濟官僚為中心來推進的財政運作及經濟政策，是一種極端的重商主義。中央政府收入的八成以上是透過鹽的專賣所得利潤。再加上還有一成到一成五的商稅收入，皆是針對商業行為課稅所得的收入。將鹽的專賣收入與商稅收入合併計算，就會變成百分之九十到九五。

其收入可以說完全沒有倚賴農業作物。這些都劃歸給地方財政。在那塊土地收成而得的稅收，就在那塊土地用於那塊土地。這是忽必烈政權的基本立場。該地行政相關的經費不用說，此外如各種營繕費及社會事業費，還有經由該地的驛傳等維持費也由其支應。那乍見之下像是優待地方。

中央擁有與地方不同的財源。那就是通商與專賣，是超越地方的財源。因此，在流通的要地上，中央財務廳的官員就置有與中央官廳頭銜相同的派駐機關。阿合馬的七個兒子就是扮演這樣的角色。經濟活動較盛的據點城市及港灣、運河陸運的轉運中心，碼頭等等都成為中央直轄。是以點與點聯繫所形成的經濟支配。

忽必烈政權所採的商業政策中，有一個特徵，那就是過路稅的廢除。過去只要商人通過重要地點，都被課以過路稅。如此就無法培養長距離移動的大型商業及商人。

然而，忽必烈及其策士們卻把經由中間地點的過路費取消了。作為其補償，則讓地方取得該土地所有稅收作為地方稅，無需上繳中央。

商品的話，只要在最終的賣出地繳納銷售稅即可。這在蒙古語稱作「塔穆加」即「印章」之意。意指在納稅之際，作為領取的證明，接受稅務負責人蓋印認可。其稅率竟然一律定作三十分之一，大約是百分之三。以過往只要通過主要城市及交通上的要處，就會被一一課稅來看，真的是相當的低額。那就是商稅。

完全取消過路稅是歷史上劃時代的英明決斷。遠端商人因此變得極為輕鬆好辦。而且，水陸海的交通運輸網又在蒙古政權的公費下得到徹底的整備、維持、管理。對大商人而言，時代完全改變了。在中國方面來說，是從以「商」為惡，無法完全丟捨意識型態的國家權力，轉變成為政權一方主動推展，保護、培育大商人的時代。那超越中國本土，從「大元汗國」全境及於蒙古所有疆域。

忽必烈及其策士的目標是，透過優惠遠端商業，使得與之相關的中小規模流通、通商也活性化，捲起前所未有的壯大規模物流旋渦。成為這個巨大物流的導火線也是主要推手的，就是阿合馬以下作為忽必烈經濟官僚一體化，以伊朗系穆斯林為主體的「商業組織」。

忽必烈政權設下管轄多數斡魯脫克的專門官署，在接受其許可與認可的前提上，各斡魯脫克展開經濟活動。從蒙古來講，則是將斡魯脫克置於國家行政機構的管理之下。

但是，這個許可與認可，對斡魯脫克而言才真的是伴隨著絕大的威力。因為如此一來就可以蒙古的武力為盾。然後也可以具有優先使用蒙古公權力維持的交通運輸之便的這個重要特權，可以說是近似於專利公司。

如此，與蒙古政權相結合的斡魯脫克，使用蒙古的武力與交通網，踴躍地往歐亞各地去。

有時也依情況半強制地進行買賣與貿易。並且，作為其結果，透過蒙古所敷設的交通、輸送機關，在最終階段，也向大都輸送物資。

忽必烈政府管理在大都積水潭北岸一帶展開的官營廣場，令之在彼納稅。當然，賣出地及納稅地在杭州或泉州等大都市或據點城市也無妨。總而言之，在這些城市也一定會有稅務員。只要是中央尚書省網絡的所及之處，在那納稅即可。

斡魯脫克們，本來是向蒙古王族及諸王侯、貴族等等以出資的形式借入資金再以如此聚集而來的資本為本，經營所有的商業行為。他們將其利潤的一部分還原給作為出資者的蒙古顯貴。然而，說到這個蒙古王侯們的資金，其大多數都是以帝王忽必烈的賞賜此一形式來賜與的。

總而言之，這個「物資」與「資金」的兩個流通循環，成為相互支援的雙重結構。還原其根源就是忽必烈。在此一結構中，忽必烈將納入的稅金作為賞賜來分配，而其賞賜正成為斡魯脫克的活動資金。

在遊牧經濟中究竟無法得到的經濟援助，就以賞賜的形式來進行，藉此忽必烈將蒙古帝室以下的分權勢力都連結到自己的權威底下來。這使得作為軍事政變政權，未經「統一庫力臺」這個正式即位程序的忽必烈，以「財富」這另一個武器，確實取得自己身為蒙古大可汗的地位。因為他以經濟力為後盾來經營帝國。

這種作法當然不得不變成一種點對點的支配。忽必烈的新國家，例如其後的清朝，只要有稍具規模的城市就會設置「滿城」相比，在面的支配上體質較弱。相反地，它在與各地據點城市及要地和中央間的關係上，是既直接又緊密。

要言之，忽必烈帝國是以據點支配和物流、通商控制為最大的特徵。藉此可以超越帝國分有支配的原理與實際狀態。因為物資的集散和課稅財源等問題都能夠在不涉及於彼的作法下進行。

## 白銀流通

那麼，蒙古帝室、王族、貴族所得到的賜與，以及斡魯脫克借入作為經濟活動資本的資金，究竟是甚麼呢？

那是白銀。在《元史》〈食貨志〉歲賜的條項下，記載了散布在歐亞各地的蒙古帝室，也就是成吉思汗的四位嫡子，朮赤、察合臺、窩闊臺、托雷的子孫，以及成吉思汗的庶子闊列堅的子孫，三位胞弟合撒兒（Qasar）、合赤溫（Qači'un）、斡赤斤（Od igin）及異母弟別里古臺（Belgutei）的子孫等等，以及蒙古高原有力集團的子孫，以及族內重臣們的子孫所得到的白銀金額。

若是一級的王室血族，就可無條件獲得一百錠。忽必烈在每年正月於大都舉行的朝賀帝室儀式之際，皆對各個家系的族長，或是其代理人作「定例賞賜」。總額是一年大約五千錠。一錠至少是兩公斤，五千錠就有十噸。

與其後的時代相比，看起來似乎不是太大的金額。但是，在發現新大陸以前的時代，銀的數量很少。在那個時代十噸已是巨額。

這個儀式正是流會的「統一庫力臺」中「臣服誓言」的替代物。只要這個儀式及銀的賞賜繼續進行，大可汗的權威就會獲得保證，橫亙歐亞東西的蒙古大帝國，就會成為一體，永續發展。

而且，那真正是「定例賞賜」。也就是說每年必定能領到這些金額。實際因應各種狀況還有更多各式各樣的臨時賞賜。

其總額依年份各自不一，但時常遠遠超出「定例賞賜」的合計總額。那也幾乎是以銀來下賜的。極端來講，只要向忽必烈表示部內或領內有天災或飢饉，就能得到巨額賞賜。

蒙古諸王族、族長家，成為莫大白銀的擁有者，他們也向斡魯脫克們出借這些白銀。蒙古王族及貴族都變成了白銀的資本主。

西北歐亞的欽察家，伊朗的旭烈兀家，中亞方面的察合臺、窩闊臺等諸系統，也想要白銀，喜於獲得白銀賞賜。處於蒙古草原者，雲南高原者，也是如此。白銀是一個到處通用，是一切價值基準。

本來，白銀在歐亞世界裡頭作為通貨的使用就有很長的歷史。蒙古出現的十三世紀中，白銀就已經在歐亞的幾乎全區域，作為對外通商的決算手段發揮了國際通貨的角色與任務。然後，蒙古也在全境創造以白銀為共通財貨的徵稅、財政體制。

如果在巨大版圖中沒有一個皆能適用的共通價值基準，蒙古將會感到窒礙難行。那只有白銀才能解決。因為要以黃金作為基本通貨，未免也太稀少了。

白銀成為蒙古帝國的基本通貨。其結果也對使用白銀的歷史帶來很大變化。那就是在蒙古的全境，也就是歐亞大半的地區，交易與生活皆用白銀來支付，而不僅只是異國或異人種間的「會計結算手段」而已。

令「支付白銀」生活普及的最大力量就是徵稅。涉及到萬人的徵稅，在蒙古的全疆域中，皆以「白銀支付」來進行。至今沒想過要獲得白銀的農民、市民等等，再也無法維持不知情的狀態。無論喜不喜歡，在民眾層級，「使用白銀」或「支付白銀」的經濟，也很普及。

最容易瞭解的事例，就在中國本土。中國長期以來皆處於「白銀世界」之外。白銀是歲幣、賜與、贈答、貢納等等，就算名目不一也都是對外結算之際才被使用。在與粟特（Sogd）商人等等其他文明的人群為對象交易時也有所使用，但這亦是「對外結算」。不過，就只有嶺南地方與廣州等港灣城市透過南海路徑，從相當早期就有印度以西的貿易商人來航，所以「使用白銀」的習慣在民眾層次也多少有所普及。不過，在上述以外的中國本土，白銀的使用只在某些偏限的場面才看得到。

與蒙古的到來同時，首先在華北，其次是江南，「使用白銀」和「支付白銀」成為理所當然之物。這在歷史上是很單純的事實。和宋、金為止的時代，有極為明顯極端的落差。

一般而言，中國地區能夠完全成為「白銀世界」，是新大陸的白銀，也就是所謂墨西哥銀大量流入的十六世紀，即明代中期以後。當然，那是地球規模的現象，不特別限於中國。例如，日本也是在十六世紀開始，白銀使用就顯著的普及。白銀的大量到來改變了世界。

只是，在這裡重要的是，「使用白銀」的基礎，早就在蒙古時代準備好了。因為蒙古時代時「使用白銀」和「支付白銀」的體驗就發展到民眾層級，所以在大量的墨西哥銀湧來時，自然就能夠順勢接受。這是單純的事實，但或許因為太過單純而一直沒有獲得注意。

與蒙古相關的人群，有軍人、商人、旅人等等，立場各式各樣，但他們都深入到江西、湖南、四川、雲南、鬼國、廣西、西藏等深山、谷間以及山的那一端（其實他們時常往深山裡去。這些人的子孫現在也生活的鄉村或聚落，有時會突然在意想不到之處被「發現」。例如，在稍早以前，就報導了在中國、緬甸國境附近發現契丹族聚落等具衝擊性的事實。在這些場合，大致上都以和四周有所不同的「怪人」來處理，從語言或民俗的關心來進行調查。其結果就成為「衝擊性的報告」。只不過，率直來講，對文獻史家而言，很多都是早就料想得到的。當然，所有這些事例不見得都與蒙古時代有關。但是其中也有大半是不得不作如此考量的。）

在這些人群之中，斡魯脫克們特別是如此。在文獻上，越南也在很早的時期就有大型的斡魯脫克進入，即是一明證。而且，是較蒙古軍團進攻稍早的時期。這是經濟先行於政治及軍事的一例。

透過這些軍人與商人，「使用白銀」「支付白銀」經濟，就普及到一直以來被「文明世界」給遺忘的人們及村落去。就這一點而言，蒙古雖然沒有傳播甚麼意識型態或思想，但或許可以說是將人們勸誘到「使用白銀」的這個經濟世界去的「宣教部隊」。

這個以忽必烈與大都為中心的巨大「人」與「物」的循環，說它其實是白銀的循環也無妨。此一狀況，以忽必烈的大元汗國為中心，其中間或有程度差異，但都在蒙古疆域境內展開了。忽必烈可以說是透過白銀向蒙古帝國全境行使影響力。

回過頭說，中東與歐洲很早就是「白銀世界」了。印度方面傳統上是金銀併用，但還是逐漸地往「使用白銀」傾斜。

在歐亞世界裡頭扮演國際通貨角色的白銀，經過了首先是蒙古帝國的出現，其次是忽必烈新世界帝國這個掌控、誘導以銀為媒介的巨大經濟循環的政體成立這兩個階段，開始走向通往「世界通貨」的道路。接著，由於「大航海時代」以後龐大新大陸白銀的到來，世界整體一舉變成以白銀為共通價值的「白銀世界」。蒙古時代就具備這樣的條件。「白銀時代」，意即「世界共通通貨時代」的門扉，在蒙古與忽必烈的時期，雖然說時機差不多也成熟了，但確實是此時被打開的。

白銀以忽必烈及大都為中心開始流通。那不只是蒙古帝國，歐亞世界也和流通的白銀一同，藉由看不見的手慢慢地，確實地被連結起來。接著，那整個世界開始邁向一個被包覆進單一經濟結構的遙遠，以近現代為名的後世，巨大歷史的步伐靜悄悄地出發。

## 通行歐亞的重量單位

有一個絕佳的事例，顯示白銀是蒙古世界共通的「基本通貨」。忽必烈向蒙古帝室以下的成員賜與的「定例賞賜」是銀錠，是重量大約兩公斤的銀塊。其形狀有許多，但在東方大致是背部呈圓狀，左右與內側內陷的獨特形狀。其後又被稱作馬蹄銀。

這個白銀的一個鑄塊就是一錠。也就是白銀的基本單位。在中國方面銀有錢、兩、錠三個階段。錢的十倍為兩，兩的五十倍是錠。反過來講，就是一錠等於五十兩等於五百錢。

說到錠、兩、錢，那徹徹底底是重量單位。形狀如何皆無所謂。銀的重點只在重量，是秤重來交易的秤量貨幣。

銀錠之所以是馬蹄銀形狀的鑄塊，其實不過是大元汗國的統一形式。主要來講，是因為如果是五十兩重量完整的銀塊，在高額的賞賜上乃極為便利。換句話說，意思是再無更重的重量單位。

然而，那裡頭才正隱藏了關鍵。在蒙古全境中，這個重約兩公斤，獨特形狀的銀塊，就作為表示白銀的最大重量單位，成為了共通的基準。查證當時的幾種文獻，忽必烈所賞賜的這個銀塊，在蒙古語稱作「斯給」，也就是「斧頭」。同樣地，在畏兀兒語稱作「雅斯脫克」，也就是「枕頭」，在波斯語念作「巴利休」，仍是「枕頭」之意。

當然，「斧頭」或「枕頭」不過是形容這個獨特鑄塊形狀的比喻。和稱作馬蹄銀沒有甚麼差別。然而，在這裡重要的是，這個「斯給」、「雅斯脫克」、「巴利休」等語彙，皆超越了形狀，也作為顯示銀本身的重量單位來使用。

也就是說，所謂一斯給、一雅斯脫克、一巴利休，就與一錠是同樣意思。例如，在波斯語史料中如果是記載「給與一百巴利休的銀」，就等於是授與一百個銀塊，乃至於相當此重量的銀。如果是漢文史料的話，就是會是「賜與銀百錠」。

話說回來，有關白銀在當時似乎就沒有表示錠以上重量的辭彙了。有著枕頭、斧頭以及馬蹄等奇妙形狀的這個銀塊，作為在蒙古統治下顯示白銀最大重量單位的物品，在歐亞東西展開旅行。

也許因為畏兀兒語是突厥語的一種，所以自中亞至西北歐亞全境都稱作「雅斯脫克」。只是截至目前的文獻中還無法找齊明確證據。另一方面，波斯語是當時的國際語言。伊朗方面不用說，中亞、西北歐亞、北印度也作為書面語廣泛使用。同樣也是意味「枕頭」的辭彙，或許是「巴利休」在廣泛的範圍下較為通用也說不定。

所謂的「斯給」，應該是在蒙古支配階層中的稱呼。相反地，「銀錠」是使用中國話與漢字人們的稱法。將這四種語言的使用可能範圍標示在地圖上，就可以覆蓋蒙古帝國全境。總而言之，這種形狀的銀塊與其所呈現的重量單位，在蒙古全境是共通的。

回過頭來說，作為白銀重量單位的錢、兩、錠，各自大約是四公克、四十公克、兩公斤。根據當時畏兀兒的出土文獻，可以瞭解巴克魯、斯提爾（或塞提爾）、雅斯脫克等重量單位，與上述完全連動地被稱為重量單位來使用。至少，在有關漢語與畏兀兒語這兩個世界，是超越語言的差異，使用了同一的重量體系。令人遺憾的是，有關剩下的波斯語及蒙古語，是不是有相當於漢語的錢及兩的重量單位辭彙，目前還未有定論。

只是，在此應該注意的是，在中國方面錠開始具有五十兩之意，是在後來為蒙古所滅的金朝統治之下。在那以前的中國，有幾種重量的「銀條」，那稱作「鋌」。那在其後變成「錠」了。漢字的發音皆為「ding」。一直到金代為止，有各式各樣的銀錠，重量和形狀都有很多種。一錠不一定是五十兩。

另一方面，中亞、中東、歐洲裡頭，幾乎不存在相當於兩公斤的重量單位。也就是說，蒙古會製造出一錠等於五十兩的銀錠，是承襲了金代的遺制。然後，與「錠」連動的「斯給」、

「雅斯脫克」、「巴利休」也是由於蒙古時代才成為可能。

當時銀錠的實物，在中華人民共和國及日本和其他地區都還有相當數量留存。但是，不只是所謂的「枕」型、「斧」型的銀錠，平板狀的條狀在日本，然後「魚板」型的細長形狀在俄羅斯皆有所流傳。每一個重皆約兩公斤。

還有，俄羅斯在一八五一年和一九一四年都有發現銀塊的報告。其形狀與其說是斧頭，不如說是壓得扁平狀的東西，每一面的交端都趨近直線，而且切面非常地銳利。然後，很明顯是在略顯細薄的中央部被打碎。其重量是每個大約一公斤，每個表面都刻有漢字，單面可以很清楚地讀到「銀伍拾兩」。也就是說，本來是約兩公斤的銀塊。

其中，只要看看收藏於東京日本銀行貨幣博物館的東西，就可以看到刻有八思巴文字與漢字的「大元天曆貳年」等文字。那是大元國的天曆二年，也就是一三二九年的鐫刻。較忽必烈時代要晚得許多。

只要重量有兩公斤，形狀如何說不定都是無所謂的。反而，如果在中亞以西發現枕型的銀錠，那麼當地的王侯從大元宮廷拿到的就是確實的實物。

與銀錠連動的斯給、雅斯脫克、巴利休，也慢慢地變成與其本來所指的形狀無關，變成只是顯示重量本身的單位。之所以這麼說，是因為在波斯語的史料中，屢屢看得到「以銅○○巴利休」這樣的形容。當然，嚴格地來考慮的話，如此用例的「巴利休」，也可以作別的解釋。例如，無涉銀、銅等素材的差異，也許是純粹以所有事物的重量單位來使用的意思。或者，還是將銅以銀的重量來換算顯示的數字，也就是說「巴利休」也有完全是只適用於銀的重量單位，也是價值單位的可能性。目前很難下定論。不過，至少可以確定那已經不僅止於「枕狀的銀塊」之意。

這裡再次強調，大約四公克、四十公克、兩公斤這三個階段的重量單位成為蒙古帝國「基本通貨」的白銀重量體系。其中的四公克弱，是因為自古薩珊王朝的硬幣等大多數的「銀貨」、「銀錢」的重量大抵如此，所以從很久以前就受到廣泛使用。其十倍的四十公克也是可以之連動的重量。只有最大重量單位的兩公斤，是源自蒙古的東西。並且，又加上往昔以來的四公克、四十公克體系，使之成為一套。

現在於義大利佛羅倫斯仍有正本留存的裴哥羅梯（Pegolotti）《商業指南》一書，在當時是作為蒙古時代十四世紀東方貿易的入門手冊來書寫的。「巴利休」這個辭彙在此作為東方使用的價值基準來登場。然後，裡頭還記載著只要帶著白銀到東方去，就不會有阻礙。

不只限於裴哥羅梯，義大利的貿易商人們在「巴利休」這個單字的同時，也瞭解到「枕」型的銀塊，或者至少是「巴利休」語彙所表示的白銀獨特重量，也就是價值單位。此事就如同單數或複數的人物假託於「馬可孛羅」之名一般，對於當時的歐洲人來說，顯示了波斯語是當時蒙古統治下最好使的國際語，同時也告訴後人蒙古的重量單位體系至少也普及到了義大利。總而言之，在忽必烈政權下採用的錠、兩、錢等蒙古帝國的重量體系，連貫了歐亞。

## 紙幣是萬能的嗎？

但是，其實白銀本身是不足夠的。銀的絕對量相對於必要的流通量是不足的。作為其輔助者，就是鹽引和紙幣。不過，上述兩者性格不相同。

一般而言，一說到忽必烈政權，馬上聯想到的就是紙幣。宋代被稱作會子和交子的一種約定支票，到了金代明確地有了現在紙幣的外觀並大量發行。忽必烈及其策士們將之吸收，在「軍事政變即位」的中統元年，意即西元一二六〇年七月這個極早的時期，就發行了紙幣。

那紙幣正式來說稱作「中統元寶交鈔」，略作「中統交鈔」或「中統鈔」。有十文、二十文、三十文、五十文、一百文、二百文、三百文、五百文、一貫、二貫等十種。

所謂的「貫」就是「一串」的意思。將一千枚銅錢以一條「繩索」或「錢繩」穿過串起。要言之，就是一千文。

這些紙幣的面額，成為銅錢的單位。例如，十文就等於銅錢十枚之意。實際上，在各自紙面的中央稍上側處，記有顯示名目價格的漢字，亦繪有表示其相當銅錢枚數的圖畫。

筆者總不得不認為，一直以來都太過評價這個總稱「交鈔」或「鈔」的紙幣了。

的確，在這個坐擁巨大國土的大元汗國，而且在十三至十四世紀這個時間點上，要全面展開紙幣政策，無疑是人類史上應該大書特書的一點。在大元汗國統治下的主要城市中，設置有負責交鈔印刷、管理、運用的官廳，而且由於這個紙幣至少在「原則」上是兌換紙幣，所以成為紙幣發行基礎的準備金即「鈔本」也有相應的籌備。

負責將過度使用而髒汙揉爛無法再用的「昏鈔」換成新鈔的「交用庫」或「倒鈔庫」，設置在全國各地。在大都等地，也設置數個倒鈔庫。在作昏鈔手續之際，徹底收取手續費，或是為了要收取手續費，而故意使用大尺寸，容易揉爛的紙等等，有很多傳言。不過，其中有多多少少的「運用之妙」是當然之事，不值非難。

無論如何，他們向全疆域佈下規模如此壯大與巨大金字塔型相關部署的網絡。而且，以這些組織、機構為主，涉及紙幣政策的一切，都置於大都綜合經濟官署的尚書省中央掌控下，所以說阿合馬等忽必烈的經濟官僚的能力有令人刮目之處。

在東方，其後紙幣政策就被放棄了。明朝的創始者洪武帝模仿蒙古發行紙幣，但立刻就嘗到失敗。因為他們沒有籌措發行準備金，所以才導致此一結果。只是令人感到不可思議的，是一直以來都沒甚麼人談到洪武帝的失敗。在世界史上，得以開始展開與大元汗國匹敵的紙幣政策，要等到十九世紀以後。大元汗國貨幣所持的遠見性、組織力、營運力，以及規模的龐大，無論強調其在世界史上有多麼大的意義，應該都不算過言。

只是，問題是世人過去以來都將大元的紙幣想得太過萬能了。也就是說，甚麼都被認為只要有這個以「交鈔」為名的紙幣就能了事。因此，例如元末引發紙幣通膨，經濟混亂，其結果就是大元「滅亡」這個大歷史敘事。不過，其實正如後所述，前面提到的「中統鈔」是至元末為止一貫的的基本紙幣，與白銀相連結。另一方面，其後發行的「至元鈔」等等，在其每個時期的政權下印刷的紙幣都激烈地變動。這個由雙重柔性構造外觀上的「紙幣通膨」，就是大元汗國紙幣政策的本質。

其實，當時的社會並未進展到經濟與社會會因「紙幣通膨」就引發混亂。產業與經濟、生產與消費，也未如現代般成為有機體完全連接。與高度產業化的生產社會、消費社會作拙劣的比較是危險的。看起來已經「定論化」的這個「紙幣通膨」帶來的「元朝」崩壞說，可以說是誤解。是太過比擬到現代社會的印象論了。

有關如此忽必烈政權紙幣政策的印象，「馬可・孛羅」也是其中一個原因。「大可汗以紙創造通貨，構築了莫大財產」的這句名言，四處被引用聞名於世。忽必烈就像「鍊金術師」一般的形容的確是比較容易理解。這句話不是胡言，但也只是事實的一部分爾爾。

紙幣是小額通貨。大元汗國幾乎未發行銅錢。在忽必烈之後，就算有僅少的發行，也可以說是近於一種「紀念幣」，發行量幾微。忽必烈及其策士們，事實上放棄了中國傳統的「銅錢主義」。

取而代之的是「交鈔」，也就是「紙幣」。所以，「交鈔」才會繪有與其面額相當的銅錢圖案。（雖說如此，在通行之際，「交鈔」也是以銀的單位「兩」或「錢」來換算，所以仍然是與銀連動的）他只是以既輕薄、攜帶又便利、印刷費也便宜的紙幣，來取代既重且鑄造又花錢的銅錢。

「交鈔」的面額最高不過兩貫文，不適合大筆的交易。可以說是日常生活用小筆交易之物。而且，它在何時，是否到處通用，也是疑問。

銅錢雖有實質價值，但交鈔充其量只是紙張，是因為有國家權力的強制力及信用才能通用。例如，金朝末期惱於軍事費不足的開封金國政府，濫發龐大的紙幣，但已經動搖政權的紙幣任誰也不相信，名符其實成為廢紙。

還有，一旦離開都市至廣大的農村及山區，甚至是窮鄉僻壤之地，應該就幾乎沒有使用紙幣的人。銅錢的情況也是一樣。現實的在地生活依然是以以物易物等小麥或米的「代用貨幣」為中心。

相反地，就因為白銀也是本金能夠以絕對價值來交易，或許還會被使用在作大筆交易的地主或名望等場合上。在前近代世界中，只要除卻權力有相應滲透，人群往來交錯的城市地帶，將交通要衝或特別大城市的近郊另當別論，大致都是這種程度。

要言之，紙幣能夠通用的，是有中央與地方政府機關及軍事據點的所在之處，換句話說，就是政治、軍事上、政權的力量確實滲透的安定地點。尤其是納稅、俸給、軍事調度、賞賜褒獎等等，反正只要是政府會涉及的垂直流通中紙幣會作為有意義之物來使用的情況，就會毫無質疑的通用。

除了大都，杭州、開封、京兆、揚州、泉州、廣州等主要據點城市及官營廣場，也都有很大程度的通用。至少在關於中國本土方面，可以說是大元汗國的行政、司法上的參考書的《元典章》，作為設有紙幣相關機關之處所舉出的諸城市中，都可以視作是有所使用。還有，吐魯番盆地的畏兀兒王家的冬都哈拉火州和天山以北的夏都別失八里，或是與額濟納河對望，西夏以來的哈剌契丹等等，就算是多麼「邊境」，在遠距離交易中心地及軍事駐屯地等處，反而較大地通用，是屬於一種「基地經濟」。在這些土地會有「交鈔」出土，就是這個原因。意思並非即便在這樣的「邊境」也有使用，而是因為其地點性質使然。

從當時的世界情勢來看，用紙購物，與銀兌換，光是這樣就令人吃驚。只是，只要考量到流通的地區或場面有限，以及其為小額紙幣，就不得不說不能將紙幣過度地視作萬能。那麼，在大元汗國流通的「高額紙幣」究竟是甚麼呢？

## 「高面額紙幣」是鹽引

在事實上扮演「高額紙幣」角色的是作為國家專賣鹽之兌換券的「鹽引」。

在中國，作為漢代以來專賣制的結果，鹽是一種高價商品。因此，若有價格稍廉的食鹽，就會飛也似地暢銷，無論在哪一個時代都有黑市鹽商橫行於世。那當然是專賣制下將鹽價拉抬過高的當然結果。作為鹽的公認兌換證的鹽引，是擁有鹽這個現實背景的某種有價證券。由於其面額頗高，所以實質上也扮演了和高額紙幣同樣的角色。

鹽引這個制度，在中國自古就有。阿合馬以來的財務官僚們又施加創意，令百姓主要以銀購入鹽引。對於忽必烈而言，鹽引是與銀連動的「紙幣」。是容易不足的白銀的代替品。

中央政府另一個收入來源的商稅也以納銀為基本。忽必烈帝國的中央政府財政，是以包括鹽的交易在內的商業行為全盤所獲的白銀為支柱的。

位於中華人民共和國內蒙古自治區的首都呼和浩特的內蒙古考古研究所，收藏有自西夏時代以來的城市遺跡哈拉浩特（qaraqota）出土的鹽引原物。作為大元汗國時代的遺物，就目前所知是唯一僅存的，可說頗為貴重。

鹽引只有位於大都的尚書省或是設於大區域的派駐機關才能發行。商人們前往這些機關購買鹽引。從哈拉浩特出土的鹽引中，在「中統鈔」的額面上以墨書有「五拾定（五十錠）」。發行年月是至治元年四月，也就是西元一三二一年。忽必烈第四代孫英宗碩德八剌（Sidibala）的時代。日期處則空白沒有記載。

只要看看這枚鹽引，就可以知道鹽引的購入價格被稱作買引錢。另外，在年月裡頭，因為印刷有「至治元年」和「〇月〇日」，因此鹽引的「正式用紙」似乎是每年批次印刷的。也可以知道承辦官廳因應必要，以墨在上頭記載面額、發行月日及處理的負責人及驗收人的姓名來使用。並且，要在整個版面蓋上朱印，如此才會有效。

說到中統鈔五十錠，從交鈔的最高面額二貫來講，就是二千五百倍。是與交鈔無法比較的高面額。那麼，一換算成銀到底又會是多少呢？那計算其實很難。

交鈔與白銀的公定換算率，一開始是交鈔二貫等於白銀一兩。但是，那是政府的「期望比率」。實際從相當早開始就是從十分之一到二十五分之一。其後實質價格也逐漸下降。

因此，到了忽必烈時代開始既已發行名為「至元通行寶鈔」，簡稱「至元寶鈔」或「至元鈔」的新紙幣，以中統鈔為基準訂為五分之一的價值。甚至，在忽必烈辭世後，也發行新的交鈔。那個時候中統鈔也成為基準。而且，數量雖少，但中統鈔皆有持續印刷、發行。

要言之，交鈔與可以說是「基幹紙幣」的中統鈔，和當時應時發行的各種「臨時紙幣」形成了雙重結構。然後，如前所述，與白銀直接連動的是中統鈔。恰好在稍早之前的中華人民共和國中，與美元或日圓連動的是「外匯兌換券」，也就是所謂「外貨券」或「外匯」，相對於此在一般生活使用的則是「人民幣」很相似。

方才所述的「紙幣通膨說」說的就是這個「臨時紙幣」暴跌的現象。就算如此，大元汗國的財務當局也不在乎。只要白銀以及與銀連結的中統鈔維持平穩即可。

在元代中期發行的這個鹽引實物裡頭，以中統鈔換算來記載面額一事，也可作為上述的佐證。若是姑且將困難的當時實質匯率從諸史料拾揀出來觀察，這枚鹽引面額的中統鈔五十錠相當於白銀二點五公斤左右。用銀錠來算是一個多。仍然是相當高的額度。

在這枚鹽引裡頭，還藏有更令人吃驚的秘密。本來鹽引是指定有將之攜去即可換鹽的製鹽地和可以販賣鹽的「行鹽地」。在這枚鹽引實物的情況中，則是「兩淮」即淮水與長江間區域的「淮東」與「淮西」。意即指定在位於華中沿岸的製鹽地領取，在華中地方拍賣的鹽引。

然而，那竟然在相隔遙遠的甘肅及蒙古利亞邊境，沙漠中的人工軍事城市哈拉浩特出土。那是鹽引本身到處皆可銷售，與製鹽地與行鹽地無關的最佳證據。

若是想換鹽，去換就好。不過，不去也可以。以可以換鹽為前提，這個鹽引被交易，甚至來到了沙漠中的軍事城市哈拉浩特。

另外，在科茲洛夫（Kozlov）調查隊的調查中有名的哈拉浩特遺跡，其實在一般認識上與其說西夏時代的遺物，不如說是原樣留下蒙古時代末期樣貌的「時光膠囊」。其遺物不只限於這個鹽引，還滿是蒙古時代貴重文獻、遺物、遺跡。而且，那鹽引也正是活過蒙古時代的「證明」。

白銀二點五公斤的大筆金額，皆被容納在紙張一枚的鹽引裡頭。無論何時皆可換成高價國家專賣品鹽的鹽引。——那在現實上發揮了作為與銀直接連結的「高額紙幣」的機能。

商人們踴躍收購以一枚紙張就具有高額價值的鹽引，頻繁地利用。由鹽引賣出所獲得的收入，達到中央政府財政的八成以上。國家主導的專賣及紙幣政策，以及如前所述的白銀與物流，遠距離交易與經濟社會活性化的促進，都是整合完善的漂亮作法。忽必烈的新國家的確配得上被稱作通商帝國。

## ＊宋錢招來誤解

中華王朝一直以來都一貫在原則上堅持以銅錢為基本。

然而，忽必烈與他的策士們卻乾脆地放棄這個堅持。在通貨的素材上也不再堅持只以銅來作。全盤來看蒙古全境，欽察汗國以及旭烈兀汗國也發行了作為交易通貨的黃金。忽必烈政權亦在對帝室作「定期賞賜」之際，下賜少數的黃金。他們雖以白銀作為「基本通貨」，但也利用如黃金和紙幣等等可以利用之物，儘可能地因應了廣泛的通貨需求。吾人不得不說，這個政權與國家的體質已和過去完全不同。

只不過，忽必烈與顧問團只是沒有採取「銅錢主義」而已，但並沒有否定存在於現實中的銅錢。所以，大元汗國是以銀為基本，再加以與之連動的鹽引和紙幣，偶爾使用金，也可以使用通用到宋金時代為止的銅錢。

然而，這裡發生了一件有趣的事。接收南宋的結果，納入新版圖的江南是一個「銅錢主義」的世界。是否要認可南宋時代的銅錢？這個問題在忽必烈政權的中央財務廳尚書省及江南占領軍的派駐前線間，似乎發生過些許爭議。據說似乎也出現了不認可銅錢，要全面換為交鈔的強硬意見。結果，若是突然由銅錢至上的世界轉移到銀與紙幣的世界，一定會引起重大混亂的常識論被採納，使得銅錢得以繼續使用。也就是說，對忽必烈國家來說還是原則論優先，因為若是在好不容易到手的江南引發不必要的混亂，那麼一切將會血本無歸。

不過，在納稅之際則須使用白銀與紙幣。這是一種原則與實際，官用與民間的並存、折衷案。在江南的民間買賣或經濟生活中，銅錢還是可以如往常被使用。

這意外發生大大的影響。因為涉及到政府以及官用的事業或買賣者，再也沒有必要如南宋時代般大量地囤積銅錢。銅錢這個通貨，一旦大量使用就變得很麻煩。此時，就發生大量銅錢被拋出到市場上的狀況。很難想像南宋時代時還曾為銅不足或銅錢不足所苦。

雖然也不是不再需要銅錢，但是出現了銅錢過剩的狀況。然而，此時出現了非要銅錢不可的一群人，那就是日本貿易商人。

終北宋及南宋兩代，由於屢有日本船前來大量購入銅錢情況，使得銅錢不足的狀況愈趨嚴重，因而頒下了禁令。然而忽必烈政權早已不再拘泥於銅錢。時代已經發展到自由經濟。對江南社會而言，銅錢成為最有利又自由的出口商品。

或許由於兩度的蒙古侵襲，日、元關係總被錯認為是冷淡的。但現實卻完全相反。在第二次遠征日本遠征之際，日本的貿易船隊也頻繁造訪江南。更何況其後還發生了大交流的波潮。日中交流歷史上，只要放眼望向近現代史，最盛的其實就是蒙古時代。也屢屢有一次就是幾十人、幾百人的留學生或留學僧渡海到大陸的情況。從大陸也有一流的文化人士、工藝家等頻繁來到日本，有時甚至永久居留。雖無正式的邦交，但貿易也非常頻繁。

從江南到日本的最大出口商品是銅錢。那當然不是元錢而是宋錢。一九七六年，在韓國木浦的新安海域發現的蒙古時代貿易船，在船上所發現的許多木札、木簡的記錄上，瞭解到此船載有送往京都東福寺與博多的貨物，還有一三二三年自寧波出發，其目的地恐怕是日本的博多的兩項訊息。貨物中除青花磁等等以外，也有大量的宋錢。這是理所當然的。

有關宋錢，在此只能談到它是在宋代製造的，至於何時被運來的則另當別論。這裡會有很大的陷阱。

然而，不知為何總會有只要是宋錢就是日宋貿易的結果的這種武斷思考的見解？雖然日宋貿易也確實很頻繁，但日元貿易應該更頻繁。此外，要是談到銅錢，那麼曾經頒布國家級禁令的南宋時代為止的時期，以及對銅錢沒有特別拘泥，反而自由經濟還受到國家獎勵的蒙古時代，在環境上是完全不同的。

只不過，如新安海域那般，連運送時間都清楚的發現還是很稀少。若像其他那些無法證明移動時代，只是原樣出土，或是擺在路邊攤的宋錢，就不會自己告訴我們說，它們是何時來到日本的？

宋錢會招致誤解。但是，這誤解是人們自己的武斷想法所造成。

## 歐亞世界通商圈

忽必烈政權，吸納了當時擁有世界最大經濟力和產業力的中國本土，採取了自由經濟政策，獎勵超越區域與「文明圈」框架的大型通商。無論是誰，身在何處，都可以作生意。人種或民族皆無所謂。只要支付百分之三點三的商稅與關稅，就可以自由通行。

只是，忽必烈在世時，由於中亞方面發生帝室一族的反抗，在政治上忽必烈自身未必親眼看到其開花結果。然而，忽必烈與策士們所構想的成果，確在忽必烈長逝後的十三世紀末左右清楚浮現。然後，到了十四世紀左右，就名符其實地出現了橫亙歐亞東西的人與物的大交流。

有許多人親身為這個時期的歐亞大交流作見證。他們既有經由陸路來的，也有使用海路來去的。

在文獻上將往返陸路的史實描述得最清楚者，就是旭烈兀汗國的使節團。那最主要是因為，用波斯文等文字來寫的蒙古政權歷史書籍還有留下之故。

他們組成以幾百人為單位的旅行團，利用敷設在蒙古東西的站赤路線，悠然前來。被稱作「答納」的大真珠以及名產「大馬士革劍」、優良的「阿拉伯馬」、中東的優質織金，包括香料在內的種種藥材等。他們攜帶這些莫大的進貢品和禮品前來。此外，屬於寶石的一種，又被用在最高級「青花瓷」磁器圖案上的青金石，或是作為代用品的鈷顏料等等，也應該是如此。

這些使節團一要經過，處在行經路上的驛傳路就較平常更多地大量準備馬匹與駱駝。只要事前通知即將經過，蒙古的驛傳負責官員就會奮力地迎接大旅行團。一直到送至下一宿驛間的接待費用是很龐大的。為此政府時常作特別支出。

這樣的使節團逗留在大都的特別賓館。此事在漢文史料上留下記錄。然而，由於接待過於舒適，所以陸續有使節團不思歸去。由於是數百人單位的長期逗留，因此很是忙碌。其中似乎也有不少同一王族各別派遣的使節團彼此撞見的情況。

當然，這樣的事例是特別的。然而，不僅只有可和旭烈兀汗國匹敵的大勢力，在其組織之下的王侯、地方君主以及在地權力者等等好像也屢次個別派遣使節團，因此其數量乃超乎想像。

在《元史》若是只寫到「遣使朝貢」，例如大約三年一次的頻率遣使而來的伏爾加河欽察汗國君長家的情況等等，還是必須要設想到他們所來自的區域或旅程，其君侯的位階等等不尋常的情況。如果每個都有準備如旭烈兀家的使節團那樣的「伴手禮」，就已經不知道政治與通商到底哪一個才是主要目的。說不定要想成整個政權、整個區域都曾派了通商使節團。

有關陸路，在民間層次的證言裡頭，剛才已經提到的裴哥羅梯最容易瞭解。據其所言，從義大利搭船去到黑海，經過克里米亞半島在塔納（Thana）上陸的話，接下來再往東方去就是蒙古的世界。那裡不會像歐洲那樣，在路上遇到打劫或強盜，藉由公權力整備的公共道路上可以安全又舒適地用馬車旅遊。在此所描述的狀況，坦白說來是太過理想幸福，反而令人退縮不知道是否可以直接這樣解讀。後面會提到的「蒙古體系」在有關旅行便利和安全方面都沒有公私之分，廣泛地提供。

另一方面，有關海路，已經有許多人的報告跟體驗。汪大淵的《島夷誌略》是由東往西航海而歸的人們的珍貴紀錄。最基本的還是通商。到了蒙古時代，遠較南宋更加深政府直轄特別高級窯業專門產業城市性格的景德鎮，出產中國區域特產瓷器的最高級品，它們跨過山嶺，在泉州及福州的港口裝船。一讀《島夷誌略》就能夠清楚知道，中國青瓷和白瓷，尤其是「青花」即日本的「染付」，對由東往西的商船隊而言是最高級的貿易商品。在單色容易令人聯想到硬質寶石的中國瓷器的技術上，加上波斯陶器的彩繪習慣與蒙古．伊斯蘭共通的鈷藍色的品味，上述三個要素結合出現的青花是只有蒙古時代才看得到的東西交流精華，在印度到伊斯蘭的世界裡頭，受到略顯異常的熱烈歡迎。

史上存有諸多疑點、真相複雜的「馬可・孛羅」也是在海路上由東向西的人。搭上將蒙古貴妃從大元汗國處送到旭烈兀家的使節團船隊便船的孛羅一家身影，只在《百萬之書》中可以看到。另一方面，有關這個使節團，波斯文寫成的史書《瓦撒夫史》（Vaṣṣāf）上有詳細的敘述。曾為旭烈兀官吏的謝拉夫丁（Sharaf al-Dīn）寫下來的《瓦撒夫史》傳達確切真實。那本書上沒有看到孛羅一家。但是，他們一家以外的所有人士，包括正使以及副使的姓名在內，此史書與「馬可・孛羅」的親自申告其實頗為一致。

向《百萬之書》傳達訊息的人物無疑也身在這支船隊中。其體驗恐怕是用「馬可・孛羅」之名來談論的。此外，由這兩本書無法否認的一致性，可以證明印度洋上的東西路徑，最晚在一二八〇年代末期到一二九〇年代左右是完全在蒙古的手上。

據說在泉州還留有墓石的法蘭西斯科派（Francesco）修道士佩魯賈（Perugia）的安德魯（Andrea）是從西到東，意即從伊朗到中國方面的人物。他接受羅馬教宗克萊門斯五世（Clemens V）的命令，派到位於汗八里（Khanbalik）也就是大都的孟高維諾（Giovanni da Montecorvino）處，完成了任命他為汗八里總主教的使命。其後前往刺桐即泉州，成為刺桐主教後逝世。

但是，再怎麼說從由西往東航海而歸的代表都是伊本・巴圖塔。出生於摩洛哥丹吉爾

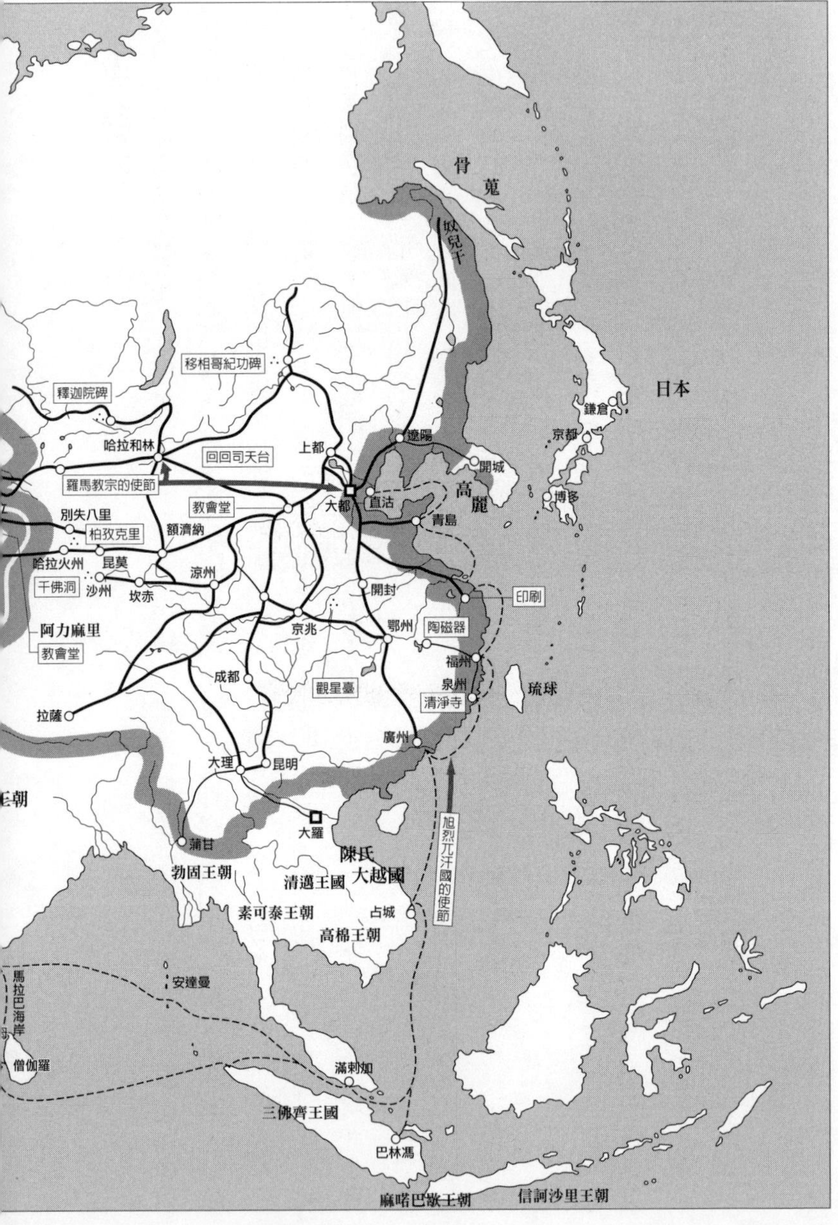
骨
嵬
奴兒干
移相哥紀功碑
釋迦院碑
哈拉和林
回回司天台
上都
遼陽
開城
高
麗
日本
鎌倉
京都
博多
羅馬教宗的使節
大都
直沽
青島
教會堂
別失八里
柏孜克里
額濟納
哈拉火州
昆莫
涼州
千佛洞
沙州
坎赤
開封
印刷
阿力麻里
教會堂
京兆
鄂州
陶磁器
福州
泉州
清淨寺
琉球
成都
觀星臺
拉薩
廣州
大理
昆明
大羅
蒲甘
陳氏
大越國
勃固王朝
清邁王國
素可泰王朝
占城
高棉王朝
旭烈兀汗國的使節
馬拉巴海岸
安達曼
僧伽羅
滿剌加
三佛齊王國
巴林馮
麻喏巴歇王朝
信訶沙里王朝

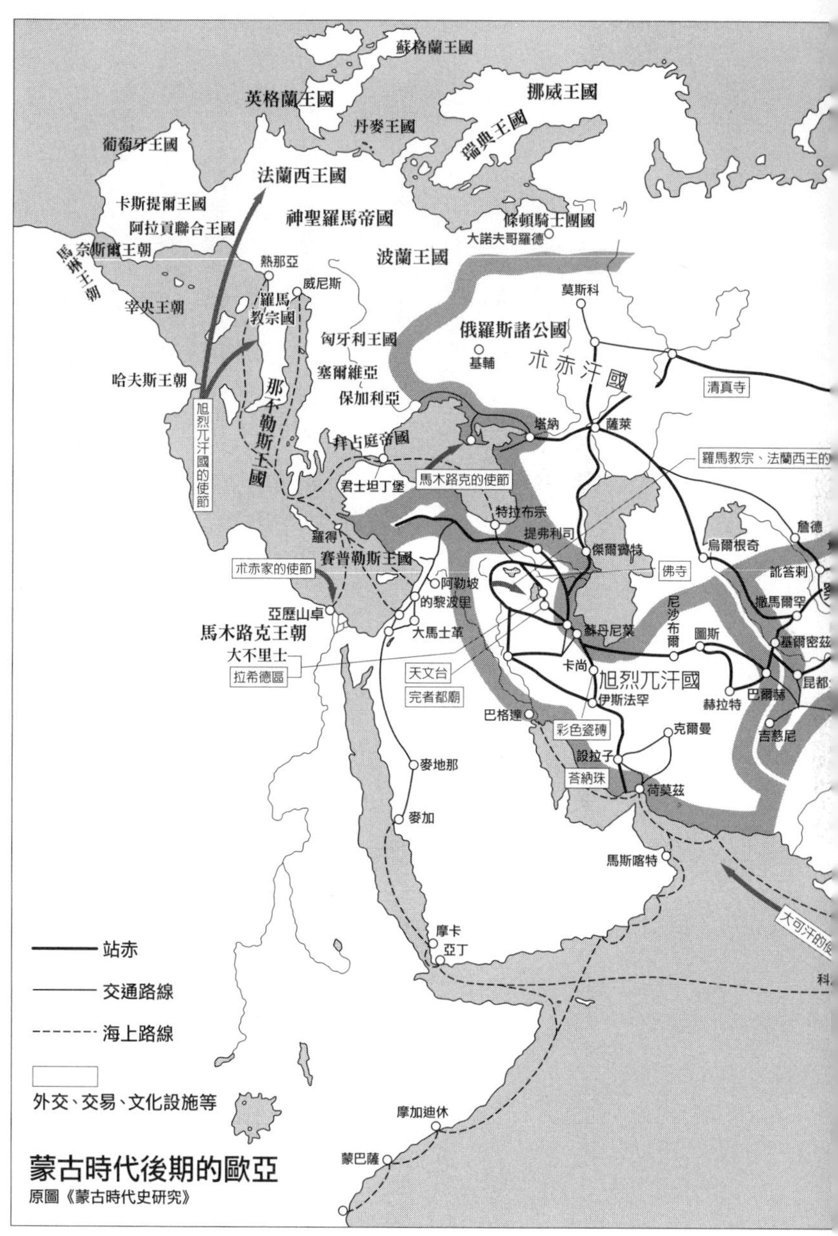


蒙古時代後期的歐亞

原圖《蒙古時代史研究》

（Tangier）的他，旅行了埃及等中東各地後，逗留在政治上幾乎統一印度次大陸的圖格魯克王朝（Tughluq）君主穆罕默德（Muhammad）處。在那裡長期逗留後，以海路來到了大元汗國。他的遊記是證明蒙古時代歐亞世界多麼自由開放，多麼容易旅行的最佳書籍。同時也是最清楚呈現其時往南方的海路是多麼活躍。

有關利用這般海路的海外通商，忽必烈及其策士們決定以銷售額百分之三點三為原則（依船商的種類也有百分之五或七的情況，不過基本上是三十分之一）。以泉州為主的中國東南沿岸主要港口都市，設置了負責貿易事務以及進出口港管理的「市舶司」官署。那名稱和宋代以前一樣，乍看之下會被認為是同樣的體系。然而在忽必烈帝國時代是較南宋更由政權主動獎勵、推動、統御的組織。而不是在表面上說因為「蕃商」過來才不得不管理，但又期待進口稅收的那種矛盾姿態。大元汗國在航海路徑上的碇泊港到目的地交易處都設有派駐員，一貫管理其出港、停泊、交易及歸港。加以，政府機關在泉州等造船業中心地親自建造貿易船隻，以附上資金出借給海洋商人，力圖促進貿易。據說貿易船跟出資金的出租費用是貿易利潤的七成。

大元汗國不只如宋代為止一般管理港灣的出入，也企圖掌握海路與其通商行為的全部。那之所以可能，是因為忽必烈政權與成為海洋通商中心的穆斯林商人勢力本身連結，將之收納進來之故。

那和與陸上系統一樣是點對點的據點支配。不過，散布在大元汗國領域內的主要港灣以及東南亞沿岸要衝的碇泊港、港灣都市，被與大元汗國中央官署和名為「行省」的派駐機關作直接連結。

藉由舉全政權之力圖貿易振興的大元汗國力量，海上東西方貿易已經清楚地系統化。對此而言，印度沿岸地帶扮演了中繼點的角色。然而，從十三世紀末到十四世紀，在內陸地帶的北印度平原中，圖格魯克王朝等一連的德里蘇丹諸政權迎擊經常由中亞南下、侵略的察合臺汗國軍。儘管如此，伊本·巴圖塔從海路由印度到中國方面的原因是，作為圖格魯克王朝君主穆罕默德使節去的。廣泛地來看蒙古與印度的關係，內陸與沿岸有不同的因應方式。北印度是在歷史上，不如說是和中亞、內陸亞洲的關係較深，很多事物應該要在其延長線上考慮。有關多元世界印度與大元汗國的關係，今後尚需持續的解明。

在西亞和中東，不僅旭烈兀汗國，埃及的馬木路克王朝也進入了這個通商連鎖中。剛開始是民間的層次，然而之後由於旭烈兀汗國伊斯蘭化使得政治對立的壁壘消失之故。馬木路克王朝更積極地參與「東方交易」。其推手是喀里密（Karimi）商人。他們購買經過印度洋來到的東方物品，在中東諸區域販賣，甚至賣到歐洲諸國。

西歐也自動進入到以大元汗國為中心的歐亞通商圈。以威尼斯（Venezsia）、熱那亞（Genova）、佛羅倫斯（Florence）等以海洋通商作立國根本的義大利都市國家，本來就有與東方特別是蒙古接觸、通商的歷史。蒙古已經由過去的「恐怖時代」明確蛻變成以大元汗國為中心的鬆散國家聯盟主導的「融和時代」，不僅是地中海方面的義大利諸城市，包括阿爾卑斯以北的其他西歐諸勢力在內，在政治上面向東方的壁壘都急速消失。以「十字軍」為名的「對決世代」已經遠去。

在威尼斯檔案館內，藏有當時與旭烈兀汗國之間交換的通商議定書。裡面有許多有趣的內容。關稅是一律和遙遠的大元汗國統治下的東方同樣為百分之三點三。在過去來講，是極度的低額。另外，還記載有各種各樣的細項。令人驚訝的是，在運送商品的時候，如果發生危害或災難，蒙古方面將會補償的一節文字。

經常有義大利商人來往旭烈兀汗國的君主處，甚至也有直接留下成為臣子者。例如，一三〇二年第七代的君主合贊（Ghazan）向教宗卜尼法斯八世（Bonifacius VIII）送出使節與書簡。其使節是熱那亞人布斯卡雷諾．基索盧非。此外，來自比薩（Pisa）的伊索這位人物，是合贊之弟，其後成為後繼者即第八代旭烈兀汗國君主的完者都（Öljaitü）成為基督教徒的當時，取羅馬教宗尼古拉四世（Nicolaus IV）之名，作為其受洗名尼古拉的命名者。

其中令人最驚訝的是下面的事實。其後成為旭烈兀汗國新首都蘇丹尼葉（Soltanieh）（此外，這座城市可能是模仿大都而建造的）總主教的威廉．亞當（William Adam）在一三一五年起的十七年間的某個時期，進行了有關旭烈兀汗國與歐洲同盟的，有點令人難以置信的提案。根據英國的蒙古帝國史研究者摩根（D．Morgan）的指摘，那內容竟然是讓小艦隊航向印度洋，而且是讓熱那亞人航行，以截斷馬木路克王朝與東方間活絡的通商生命線。

那還只停留在計畫階段而已。之所以這麼說，是因為不久以後旭烈兀汗國就和馬木路克王朝講和了。即便如此，還是可以令吾人理解，埃及與東方的海上通商是多麼地繁盛，然後此事在歐洲方面，特別是與旭烈兀汗國交好的義大利商人強烈意識到，其將東方貿易理解為馬木路克王朝「生命線」的事實。也就是說，歐洲勢力直接將艦隊送進印度洋，想與東方通商直接連結的發想，並不是從瓦斯科・達伽馬（Vasco da Gama）的時代以降才開始的。

如此，歐亞的東西方，從東到西，有穆斯林・斡魯脫克商人、喀里密商人、拜占庭商人、義大利商人彼此交會錯綜形成橫向連結。雖說如此，本來讓這個歐亞世界通商圈成立的，就是奠基於重商主義與自由經濟，展開未曾有的通商振興政策的巨大、富庶、繁榮東方，也就是拜大元汗國的存在所賜。

# 5 為何未盡全功？

## 蒙古體系

經過了忽必烈時代的三十餘年，大元汗國變成了世界史上未曾有的國家。同時，歐亞世界也迎來了前所未有的時代。

至少在東從日本海西至多瑙河口、安那托利亞高原的蒙古領土之內，國境的壁壘都消失了。然後，包括歐亞與北非在內，陸上與海上的通商壁壘也悉被除去。人類主要的生活舞臺幾乎都透過「人與物」的循環，緩緩地被連結在一起。

那不是藉由軍事力被強制連結在一起的，而是透過史上版圖最大的國家蒙古舉政權之力整備、維持的交通網以及所利用的通商，穩穩地被連結在一起。

蒙古雖然仍舊保有強大的軍事力量，但此刻卻是透過以中國為中心的巨大經濟力，領航著世界與時代。時代從軍事演變到經濟。雖然仍是極為微小與緩慢的，但世界作為一個整體開始動了起來。

當然，那對於包含日本列島在內，在歐亞與北非各地生活的當時大部分的人而言，還是無法察覺於此或認識眼目所及。但是，各地已經在未察覺之下，自行地被捲入到以蒙古為中心的世界動向中，連結在一起。

例如，日本在這個時期所展開的社會、文化、經濟狀況，遠較一般「常識」所設想地，還要廣泛普遍地與大陸連動。而且，光是因為其前後與和現在相聯繫的日本文化基層或價值體系的基本獲得確立，其所具有的意義就應該更進一步地再檢討。

也有主動利用以蒙古為中心所形成的體系，欲沾其恩惠的人。從整體來看，那雖然依然停留在少數，但在過去時代原不可能的行動範圍與多樣化的活動都成為可能。對這些人而言，特別是在蒙古時代的後半期，環境變得更加自由與便利。

以伊本·巴圖塔或「馬可·孛羅」、孟高維諾（Montecorvino）、鄂多立克（Odorico）、馬黎諾里（Marignolli）為開拓者，例如，身為汪古貴族之子，在旭烈兀汗國統治下聶斯脫里派（Nestorianism）基督教團的主教（Catholicos）的馬爾谷即雅伯拉哈（Yahballaha）三世，原為其師，曾遍訪羅馬教廷及西歐各國，寫下某種《西方見聞錄》的巴所姆（Barsoumas）；還有日本禪僧，曾於少林寺及靈巖寺留下撰文碑刻的邵元等等，這些有名人物們是因為自行留下記錄，或是其行動偶爾被世人記載，才成為留名史上的人物。但不只是這樣的有名人物，許多不知名的商人、宗教者、政治家、外交官、技術者、藝術家、運輸業者等等，以過去未有的規模在移動。那也不是強制的結果，而幾乎是以自行意志與選擇來達成。

一個人，在其生涯間可能移動的距離和見聞的深度大大地拓展了。如果是過去的時代，若不是有特別的地位或是落入設想不到命運的人物就無法體驗到的事物，現在就算不是有特別境遇的人物，只要多多少少有些機會和運氣，還有其後只要有興趣，就有可能在安全環境下充分體驗。從各地區域社會的整體來看，那也許還是一小部分，但這些人們以較之前更多的數量出現，而且他們確實帶來過去看不到的資訊與見聞。諸如此類，在人類整體歷史上還是有不容忽視的意義與影響力。

說到關於國家與政權，以加深通商國家、經濟立國性格的蒙古為主，各地權力皆令人覺得不可思議地彼此吸引，沖淡了過去的意識型態色彩，開始顯現出往經濟、通商的傾斜與關心。與彼同時，各地的社會與文化狀態也令我們看到和過去明顯相異的開展。當然，各個文明圈仍然還是在各個區域的獨自性優越存在，但吾人仍不能不體認到已經產生了超越於此的共通現象與狀況。

例如，在蒙古的疆域裡頭，不問區域及政權，各式各樣的人種、語言、文化、宗教幾乎都在未受國家限制的形式下，形成了一個並存、共生的狀況。可以說是「沒有意識型態的共生」。看在現在我們的眼裡，有點令人感覺到不可思議的區域紛爭、民族對立、宗教戰爭其實很少。

大元汗國不用說，各地的蒙古國家都令人吃驚地對政治與經濟以外的事物不抱關心。就連已經伊斯蘭化的旭烈兀汗國，作為政權核心的蒙古及其周邊人們，本身的宗教性都很淡薄。旭烈兀汗國，也不過是為了統治的必要才披上伊斯蘭國家的外衣。

回顧來看，所謂的「近代精神」，無論好壞皆以自宗教脫離為必要條件。蒙古時代後半的世界，是在「近代」以前非常罕見地，國家及政權都共通為即物主義、合理主義、重視現實的風潮所籠罩的世界。而且，對於與自我相異的存在、文化、價值觀的排他性與攻擊性，並不如今日嚴重。混血政權蒙古為中心的政治與經濟帶來的異文化共存、多元化社會的狀態變得理所當然且恆常化。

興味盎然的是，在蒙古統治下死刑非常地少。例如，在大元汗國所統治的中國方面，其死刑遠較自負為「文化國家」的宋代還少。更何況，特別是與洪武時代竟然針對中央政府官員及其血族以數千人為單位，或是萬為單位，泰然進行殺害的這個歷史上也難見相似案例的明代，是無法相提並論的。

在中國，王朝和作為其支持基礎的士大夫們都是意識型態優於一切的存在。思想與價值體系緊緊地束縛住人的思考與行動。蒙古時代，特別是忽必烈主導的大元汗國成立後，無論好壞，這個精神的框架逐漸鬆懈淡薄。不過，在南宋治下萌芽的朱子學，在江南為大元汗國所接收之後，在蒙古的開放環境下，反而在全中國展開，甚至也為高麗國與日本國帶來很大的影響。

但是，無論如何，時代與世界的環境都變得更加通暢了。歐亞與北非，開始為繁榮與經濟活絡狀況所包覆。在這樣的時代環境下，一直以來都不太可能的，超越既有框架的人物與事象、美術、工藝、科學、技術、思想、哲學一一登場。英國的摩根氏曾說過「蒙古自由主義」，只要眺望這個時代的東西方，就會覺得這句話確實中肯。

國家與國界、民族與人種，可以說變成了一個無國界的時代。在人類史上，這樣的情況一直到二十世紀都是不存在的。

要言之，以國家控制經濟與流通的大元汗國為中心，世界開始摸索走向史上首次某種邁向體系化的道路，即便那形式是散慢且曖昧的。在此想取將之創造出來，又大舉展現的蒙古之名，暫時稱作「蒙古體系」。在此，世界歷史踏進了新的階段。

## 過早的時代

國家與經濟的體系基礎藉由忽必烈與其策士奠定的結果，大元汗國及蒙古帝國早就變得就算不將擁有忽必烈那樣的個性者推戴為大可汗，這個體系也能發揮作用，在安定的狀態下運作的狀態。

然而，這個狀況持續得並不長。自一三三〇年代開始，蒙古的東西方就開始混亂、動盪，逐漸瓦解。其中的一個原因很明顯地就是一三一〇年代起到二〇年代間開始，特異又長期，規模及於全球的巨大天變地異。

那不只是在蒙古境內。在歐洲，自一三二〇年代起，就發生了災害或異常的天候不順，農業生產也受到大大的損害。蒙古帝國內部的諸多政權之中，旭烈兀汗國最快開始動搖。一三三五年第九代君主不賽因（Abu Sa'id）逝世後，旭烈兀的後裔斷絕，「伊兒汗」的地位雖然轉移到其他的蒙古王族，卻籠罩在內部紛亂與混亂中。接著，一三五三年成吉思汗的血脈完全中斷，失去了整合力量。只是，即使其規模較旭烈兀汗國稍小，位於伊朗內部的蒙古系政權仍姑且持續到十五世紀。在伊朗方面，一三五三年以後，也許可以看作是進入到了長期蒙古支配的崩壞過程中。

各地的蒙古權力一下子就「垮臺」者，其實連一個也沒有，都是以趨弱、動盪、自壞、分立，然後逐漸削弱消逝的形式來推移。

只要中央機構一旦削弱，蒙古帝國也無法避免如遊牧聯合體過去的模式一般由整合走向解體。天變地異令人無法置信地長期化。地震、洪水、長期的異常氣象。歐亞全境皆覆蓋在黑暗的陰影中。

接著自一三四六年黑死病侵襲埃及、敘利亞、東地中海沿岸部，以及西歐，將國家與社會逼上絕路。在同一時期，中國也有黃河大氾濫，惡疫侵襲華北與華中。超脫了歷史研究框架的文明史家威廉・麥克尼爾（William Hardy McNeill）將這些惡疫稱作黑死病，但不可否認此說缺乏關鍵性的史料。

無論如何，以蒙古為中心的歐亞世界光輝，在正要開始發光時，就因長達約七十年的「大天災」而消失了。

這個「地球規模天災」的猛烈，無論再怎麼強調也不為過。武宗以後歷代大元汗國皇帝及其政府，不是忙於帝位的暗鬥和對立，而是苦於這個無比異常的連年天災。緊急的對策會議日常化，從大臣到大可汗，為自身的不德而招來不尋常災厄而向天地與萬民謝罪，下罪己詔。但是，那並不能抑制天地的鳴動和咆哮。在中國本土，以省為單位持續著十萬、數十萬，甚至上百萬的受難者出現的事態。蒙古高原最是悲慘。

無涉於感情好惡，這個時期的歷任蒙古皇帝及其當局，不得不說真的是叫人婉惜。當然，民眾更是可憐。過去，有關這個異樣的大天災，很常被說是「元朝蒙古」的「混亂政治」招來了悲慘的時代。惡政招來天地之怨的這種「天人感應」生於中國漢代。如果說近現代的歷史學家也是其信奉者，那就太過份了。

在中亞、中東、歐州的歷史研究裡頭，有關這個時期的「大天災」都不會將之稱作「混亂政治」的結果。至少在文獻記錄的確認範圍內，這個「大天災」是史上最大規模的，這是事實。那給人類史、世界史展開所帶來的影響難以計測（如果說這個大天災侵襲現在的世界，現代社會究竟是否有承受數十年的耐久力，是不容我們輕易地給予保證的。）

至少，筆者認為想嘗試討論「世界史」的人，是不該將目光從這個侵襲十四世紀的黑暗與不幸別開。其原因究竟為何，若是可能，今後想要加以解明。

一三六八年，大元汗國從中國退出。忽必烈一族王朝本身在其後也花了二十年多以蒙古利亞為根據地和明朝展開熾烈的攻防。但是，忽必烈所創造出來的，作為大型整合基礎的政治與經濟的體系已經喪失了。蒙古帝國急速地失去整合，分烈為大大小小的諸多勢力。

一三八八年，身為忽必烈嫡統的脫古思帖木兒（Tögüs-Temür）被阿里不哥的後裔也速迭兒（Yesüder）取代後，不是忽必烈血脈的成吉思汗後裔就自稱「大元可汗」於其後支配蒙古利亞。而且，那在根本上已經是和忽必烈所創造出來的「大元汗國」不太有直接關係的政權。蒙古利亞真如其名成為「蒙古高原」。

那麼，就算異常的「大天災」是多麼地以超越人類理解的程度持續，但為何忽必烈與其策士汲汲營營創造出來的國家與經濟的體系，會瓦解到此種地步呢？

用一句話來說，就是太過早熟了。其構想目標非常卓越。忽必烈與其策士以壯大的計畫、絕妙的統制力、強固的意志，陸續地將之實現。這些構想幾乎是遠遠地超越時代的，其大多是若非其後的西歐就無法實現的。

雖然他們的構想與對實現的努力值得稱讚，但支撐的技術力和水準都還太低了。忽必烈與其策士既無大卡車也無動力鏟，既無火車也無動力船。此外，在通信與聯絡手段方面只有驛傳的特快信和傳信鴿而已。要統整東西超過一萬公里的超廣域大版圖，當時人類在技術上與產業上是太過落後了。

技術力的薄弱是致命傷。有史以來屈指的「大天災」長期襲來，卻沒有承受那可怕打擊的耐久力。「蒙古體系」不幸地沒有獲取恆久化的方法和機會。

而且，忽必烈與其策士創造出來的國家與經濟體系，巧妙地太過完美了。以大都和大可汗為物與人的結點，所有一切都與之相連的結構，只要一旦在哪裡發生了無法作用的事態，就不得不瞬間崩壞。一旦演變至此，蒙古這個聯合體和其經濟循環體系，都有如組合前的積木一般，回到各自孤立的狀態。

忽必烈及其策士們，最大程度地發揮可以使用的貧乏技術力，也將智慧與創意發揮到了最大極限。只是，當時的狀況是頭腦轉得比時代快。他們時常在現實中碰撞到技術與時代的障礙，被扯後腿。也有一些構想純粹是由於技術面上的限制而不得不放棄的。

忽必烈的新國家計畫，在構想與現實上相衝突，總之在忽必烈一代之間，有一種一股勁地橫衝直撞的感覺。雖說如此，在前近代所有國家、政權之中，在國家與經濟的徹底體系化這一點上，在那規模的巨大程度上，忽必烈及策士們所創造出來的模式是很出色的。

但是，這所有一切都尚未完成便中止。如果沒有那空前的「大天災」，不知道會不會還有相應的持續與發展呢？

## 作為記憶的體系

那麼，「蒙古體系」是否全部消失了？其實並非如此。即便蒙古時代結束，那體系仍以各種形式留存在世界上，化為血肉。可以說，作為記憶的體系繼續存在，在其後世界史展開的過程中，成為無可忽視的要素。

例如，看起來抗拒、否定蒙古遺產最激烈的明朝，雖然在表面上鼓吹漢族主義、中華主義，但其實在諸多層面都承繼了大元汗國的許多模式。尤其是那超出中國本土的巨大帝國形式就明顯是從大元汗國接收過來的。

最容易理解的就是版圖。明朝作為「中華統一王朝」幾乎是第一次將手伸向滿洲與現在的中國東北地方，領有雲南與原為鬼國的貴州地方，甚至對西藏一帶也想行使影響力。很明顯地，「中華」以大元汗國為鏡，吸收了其國家模式變身為「巨大中華」，以至明清及民國、當代。

並且，身為明朝第三代皇帝，與父親洪武帝在不同意義上成為明帝國「建設者」的永樂帝，在內陸曾經數度親征「蒙古高原」。在海上方面，則派遣由鄭和領導的大艦隊數次至印度洋，駛至伊朗、漢志（Ḥigāz），甚至是非洲東岸。這些若不以大元汗國為前提就無法想像。

永樂以後的首都，是曾為大元汗國帝都的大都。其名雖然喚作北京，但其城市的基本性格幾乎都如實地繼承大都，也重建了高度相似的建造物。這在當代也是中華人民共和國的首都即北京。其實，只要將蒙古時代大都的區劃放入腦袋，就可以走遍北京舊內城地區的大半了。故宮故不消說，在蒙古時代曾有過主要建築物的地方，在明代幾乎都再度構築了同樣的建物。

原本，北京這塊土地就緊逼著蒙古高原。如果只是以所謂的「中國本土」支配為目標的政權，絕對不會將首都置於此處。因為那將會使自身太過曝露在東北角的「邊境」，即包括蒙古高原在內的北方威脅了。

將首都由南京遷至北京的永樂帝，很明顯地是以重現大元汗國為目標。在他死後，雖然明朝接連出現「內向」的皇帝，急速地蜷縮下去，但永樂帝自身應該確實曾經打算要創造一個領有「蒙古高原」的國家。若是如此，那麼遷都北京和蒙古利亞親征就都是可以理解的。

永樂帝雖然說尊崇唐太宗，但其實比誰都要尊敬忽必烈，致力於模仿他。他幾乎是一位「忽必烈教」的信徒。這也令人可以理解，為甚麼永樂帝其實是失去中國的元順帝妥歡帖木兒（toyan temür）之子的這個「迷信」會深植在漢族和蒙古族間。據說洪武帝將懷了妥歡帖木兒之子的女性納入後宮。

在永樂帝之後，明朝一直無法佔有蒙古高原，而且一直在北京停滯不前。在國家權力的安全維持方面，其實已經面臨到甚大的矛盾。因此，十六世紀的明朝擔憂在蒙古高原小規模重建的「大元國」牧民軍團的侵略，不得不建設巨大堅牢的萬里長城。

蒙古時代固不待言，永樂帝時代也沒有建設萬里長城的必要。中國史上的萬里長城其實沒有被建造得那麼多。就算是少見建造的場合，也不過是掘了與人同高的土，將那些土堆到守護一方的小規模程度。這在防止馬騎上已經是很充分的城壕與土壁。

原來，將國土全以石壁圍住的發想，無論誰來想像都絕非尋常。留存至今，極度堅固的萬里長城，向吾人無言地說明了明朝後半的當權者們是多麼地「內向」還自命不凡，然後明朝的皇帝權力在人類史上又是多麼地極致獨裁專制。（作為一個例子，世界史上的宦官之亂以明代中國最烈。那是明朝皇帝作為異常獨裁當權者的必然結果。反觀，深深地帶有「蒙古共同體」代表性格的蒙古大可汗的權力等等，在皇帝個人恣意可以發揮的範圍則極為有限。一直以來的誤解都很大。在明朝帝國中，為何只有皇帝一個人在這片土地上巍然而立，官僚以下的所有臣民只能唯唯諾諾地如羔羊一般呢？作為終人類史上獨裁權力模式的惡例，筆者認為是值得檢討的。其中一個原因，明朝創始者朱元璋的存在影響很大，這不容否認。他從一位純然暴徒發跡時，在白蓮教這個武裝信仰集團內部獲得地位是幸運的直接因素。白蓮教信仰僅只一人有如彌賽亞般的光明主「彌勒」會降臨救濟塵世。名為「明」的國號，即位後強迫人民學習「六諭」，人類史上少有的針對識字階層的大屠殺。如果說洪武帝是將自己看作是這個世上唯一的教世主「彌勒」那麼那一切就可以理解）。

永樂帝固不待言，其實自洪武帝的時代開始，明朝皇帝就被稱作「大明可汗」（在非漢文文獻中的發音近「岱明可汗」。「岱明」即「大明」。是現代中國語「大明」在非漢語文獻中的發音），他對舊蒙古勢力，滿洲的女真族、半島的高麗國、其後的李朝朝鮮國，然後是以越南為首的東南亞諸國，也作為世界帝王「大元可汗」的後繼者，展現施與恩惠的權勢。

例如，在以漢字音譯的蒙古語原文及其漢文直譯所成的甲種本《華夷譯語》中，有幾份蒙古牧民集團遣使來朝時的「來文」，相反地洪武帝賜與的「賜文」則以雙語形式來書寫。根據那些文獻可知，作為蒙古東北的巨大勢力，催生忽必烈政權，又以乃顏叛亂使忽必烈政權陷入危機的東方三王族，將洪武帝喚作「大明可汗」，獻上少量的貢品，作為回報獲得了莫大的賞賜。而且他們在明朝的體制中，斡赤斤王族從洪武帝獲得泰寧衛，合撒兒王族則是福余衛，合赤溫（Qačiʼun）王族的核心部分（合赤溫王室雖稱作「吳王」，但一三八八年脫古思帖木兒受到明軍突襲時被捕殺一事可見於《明實錄》。作為其結果，成吉思汗時代以來，構成合赤溫王族中心的兀良哈族的千戶群，就殘留在合赤溫舊牧地之一「朵顏山」保持勢力）則為朵顏衛的「衛所」指揮官頭銜。

明朝將自身的軍隊制度單位「衛」或「所」（千戶所、百戶所。當然，那也是在模仿蒙古時代。）等名稱，賜與滿洲、蒙古利亞、西藏、雲南、貴州、緬甸等等區域的「當地權力者」，彷彿這些權力者與集團是自身帝國的一員。至於獲得賞賜的這邊，由於莫大賞賜受到保證，明朝的表面虛構之類對他們來說皆無所謂。

在明朝體制裡頭稱作泰寧衛、福余衛、朵顏衛的東方三王族，在明朝這邊取離明領最近的朵顏衛之名總稱作「朵顏三衛」（或者由於朵顏衛是兀良哈族，所以總稱作「兀良哈三衛」），但在蒙古利亞的「大元國」體制中，則以蒙古語總稱作「鄂杰德」。他們如同蒙古時代一樣，繼續保持著獨立的政治勢力。

他們在燕王朱棣，也就是永樂帝推翻南京政府（史稱「靖難之變」，即綏靖變難之意。）時也合作成為有力的軍事力量。甚至，與清朝太宗皇太極締結攻守同盟，使得大清帝國得以實現的有力同盟者科爾沁部也是這東方三王族的後裔。

自豪擁有成吉思汗胞弟合撒兒血脈的科爾沁部，終清朝一代都是準以清朝王室的家世，作為最高階的軍事貴族與愛新覺羅一族一體化。清末壓制太平天國，在亞羅號戰爭中一度擊退由天津往北京進軍的英法聯軍的清朝最後王牌僧格林沁（Sengge Rinchen）就是科爾沁軍團的親王將軍。就這個意義來講，東方三王族的血汗是催生大元汗國、永樂政權，以及大清帝國的原動力之一。

「大明可汗」這種承繼蒙古的政治態度，繼續著近似於大元汗國時代的「國際關係」。在大元汗國時代中，西北歐亞的欽察汗國、西亞的旭烈兀汗國、中亞的察合臺汗國等等，頻繁地將使節團送至大可汗跟前，獲得了以賞賜為名的巨大經濟援助。其中也包含著直接、間接所屬於各汗國的地方君侯們。

在明代裡頭，不只是統治中亞的帖木兒王朝頻繁地遣送明使節，鄂圖曼王朝竟然也屢屢派送使節團。根據《明實錄》，就連蘇里曼大帝時代也是如此。甚至在明代前半有馬木路克王朝，後半有鄂圖曼統治下包括麥加、麥地那在內的漢志，也在「天方國」這個宗教色彩濃厚的名稱下，透過了恐怕是海路的路徑向明朝送出了使節團。他們皆以中國的財富為目的，這固不待言。

在政治關係上也是如此，「蒙古體系」多少有些損壞，但在記憶方面還是有所繼承。那不可能是明朝想作而作成的，而是明朝在無意識下繼承的。因為早就已經有鑄造模型存在了。

甚至，若是將目光轉向使用海路的通商關係，「蒙古體系」是沒有變動地繼續存在的。如同後述，明朝畏懼倭寇決定「海禁」，但也不是明朝一立國馬上就變成如此。其後被認定是非法的中國戎克船，在當時是公然且頻繁地往東南亞或印度洋方面去的。阿拉伯的商船在印度洋上活躍地移動。

作為這樣一個歷史產物，東南亞急速地成為「華僑」地盤。然後，一半由於中國穆斯林，一半由於印度洋方面穆斯林商人勢力進出發展的結果，伊斯蘭化也急速地展開。

在名為「馬可孛羅」的某人往西前進的一二九〇年前後，東南亞沿岸地帶的居民還未開始信奉伊斯蘭教。但是，在一三三〇年代伊本·巴圖塔通過時，港灣城市的土著王侯以及商人們早就幾乎都成了穆斯林。東南亞伊斯蘭化的浪潮在「蒙古體系」另一端的穆斯林商人們的到來下，同時開始。

本來，永樂時代的鄭和大航海時代就是「蒙古體系」的產物。基本上與蒙古時代汪大淵所記的《島夷誌略》的世界沒有太大改變。鄭和的艦隊在東南亞、印度與西亞各地販賣的最大商品，如上所述是元代後期景德鎮在蒙古時期的伊斯蘭世界中應需要而大量被產出的青花，在當時的國際語言波斯語中發音作「拉殊瓦爾第」的瓷器，這點也沒有改變。

就如同在英語中稱作「blue and white」一般，那是在白色的布料上繪染上鈷藍色的物品。中華人民共和國一部分的研究者主張「青花」磁器在南宋末年就已經出現。不過，南宋末年時歐亞大半其實已經在進入蒙古時代。而且，成為青花重要材料的「回回青」以及鈷藍顏料是從伊朗方面傳來的。而且，問題的核心也不是在技法是何時發生的。而是在於社會上或產業上具有意義的需要，究竟是何時開始的？在白瓷以鈷藍作青花的發想與需要，是始於蒙古時代，特別是在後期才開始具有意義。正因為是蒙古體系的時代，才會以歐亞規模來「社會化」、「產業化」。

明代中大量又精巧的優良器物，除了宮廷用以外，都是輸出用，特別是向西方輸出的。青花的圖案也是應其需要來描繪。現在青花最大的收藏品是在伊斯坦堡的托卡比（Topkapı）宮殿博物館，而非中國（其中有相當比例被認為是原為馬木路克王朝所有，其後由於鄂圖曼王朝征服埃及，才被帶到君士坦丁堡去。），此事說明一切。在那裡所收藏的龐大青花逸品的每一樣，皆是蒙古時代到明代為止，海上的「蒙古體系」依然存在的無雙證據。

根據最近發現的家譜，得知鄭和是大元汗國時代進行雲南開發的賽典赤（Sayyid Ajall）後裔。如果真是如此，他之所以在伊斯蘭世界受到歡迎，而且永樂帝之所以任命他為艦隊司令官的理由就很清楚了。因為所謂的「賽」（Sayyid）就是承繼著穆罕默德的血脈。此外，若是這樣的話，「太監」就是後宮的管理人這一點來看，從前無條件地就將鄭和視作「宦官」的看法也很可疑。總之，鄭和的存在本身也是「蒙古體系」的遺痕。

如果，明朝在永樂帝辭世後也貫徹同樣的國家方針，沒有極端地轉向「內向」，至少在亞非方面，「大航海時代」還未必就會是歐洲人的囊中物。若是「蒙古體系」永續發展，就不能論定「來自東方的大航海時代」是不存在的。

其實，永樂帝逝世後明朝的方針轉換，不正是決定了中國的歷史，然後是世界歷史的「大轉向」嗎？到當時為止，「東方」的技術力、產業力完全地壓倒「西方」。而且，又藉由吸收了南宋遺產的蒙古與海洋技術作連結而組織化。以忽必烈時代蒲壽庚之子蒲子文等人所主持的前往西方的宣教艦隊、爪哇遠征艦隊、「馬可・孛羅」乘船的使節團艦隊為主，經過汪大淵所記載的商船，到了明永樂時代變成了鄭和的大航海。社會產業力和國家向海洋發展的意圖相結合，一步步地催生巨大的海運力量。那看起來像是歷史的大幅推移。然而，它們一舉被放棄了。與鄭和有關的記錄被刻意地消除，禁止建造航行海洋用的大型船隻，甚至還採取不讓人住在沿海地帶的政策，也就是所謂「海禁」。許多的芽在萌發階段就被摧殘。有關海洋文化的知識與技術，還有更重要的意識都退化了。

「東方」之所以在海洋方面落後，其實是以後的事。一直到最近都有的，這個歷代中華政權一貫地抱有「重陸輕海」思想的看法是一誤解。那其實是在明代閉鎖政策以後才變成這樣的。「東方」自我設限了本身的發展，又或說那叫作「自滅」。這裡由長期的時間斷限來看，東西方的力學開始逆轉。十五世紀是使得命運走向歧路的世紀。

以明為中心的東亞，逐漸封閉在自身內部，而讓只有微弱力量的葡萄牙、日斯巴尼亞即西班牙等「海上帝國」開出歷史的謊花。

不過，那是裝備有槍火器的艦隊所帶來的。然而，火藥槍和大砲至少到蒙古時代為止，都是「東方」勝過「西方」。在襄陽包圍戰中，我們可以看到槍砲火器被組織化地使用。可是，自十五世紀中葉開始的一世紀之間，「西方」令槍火一舉進步。「東方」在這裡也是「自我設限」，使得艦隊和火炮這當然組合成為「西方」之物。

所有變化都發生在十五紀紀中葉到十六世紀中葉為止的僅僅一世紀間。那是世界史由「陸與弓箭」到「海與槍彈」時代的大變化。「東方」藉由蒙古創造出那基礎要素，然後恐怕也是透過蒙古教導「西方」這些知識，然而自己卻是後退。我們不能不說明朝「內向化」所持的意義是很重大。

「槍炮傳來」到日本，是極具象徵意義的。那是發生在一五四三年，搭乘中國海盜所駕駛船隻上的葡萄牙人從海路帶來槍炮。其後近百年的日本史，因火器重武裝化及統一化，伴隨著發展到海外發展的時代。他們也想成為「海與槍炮」的一員，但他們還是在這個階段「自肅」了。

雖說如此，這百年大變動的契機是中國船員所搭乘的葡萄牙航洋船，意義其實深長。就算說是葡萄牙的「海上支配」，也是與過去阿拉伯、印度、中國方面的海上勢力合作，乘其勢力的形式來成立的。以巨視眼光來看，在結果上也不是不能說那屬於「蒙古體系」的部分應用。

回過頭來，在蒙古時代後，歐亞裡頭有東方的明清帝國、中央的帖木兒帝國及第二次帖木兒王朝的蒙兀兒帝國（Mughal Empire）、西北俄羅斯帝國，以及西南鄂圖曼帝國等四大帝國，在此時同時一分為四。他們分別在各自區域及「文明圈」內，都是蒙古時代以前看不到的規模與內涵的大帝國。這些政權與國家每一個都是在蒙古時代起步，而且比蒙古帝國還要長久，一直到近現代的門扉開啟為止，代表前近代歐亞的巨大帝國。忽必烈的大元汗國雖然因為偶然或必然而無法永續，但在此總成擁有相當強固的軍事、經濟體系的巨大國家方式還繼續留在時代。在西歐列強所帶來的帝國主義稍早之前，我們或許可以說蒙古帶來了「亞洲帝國主義」時代（這個時代俄羅斯的擴大是往幾乎無人或只有弱小集團存在的東方西伯利亞的擴大，幾乎是「亞洲的帝國」一）。但是，此事對那些區域的人們是否幸運，在某種層面的事實而言，也必須得視情況而定

## 該是回首時

另一方面，經過蒙古時代，歐洲急速地變得「外向」。生產與流通，特別是國家與社會以

通商為一個當然目的一般，不知不覺變成如此。與「十字軍」的時代簡直不同。那麼，為甚麼會如此呢？

所謂的國家，是一方面推進、統御通商及經濟行為，藉此來以「國民」利益的廣泛獲得為國家第一目的。社會與國民藉此滋潤、繁榮。我們都以為這些事是不證自明的。甚至，每一個人對於利潤獲得的努力與苦心，以及伴隨而來依勞動對價要求的支付，還有肯定這些商務與勞動視為理所當然的思考方法，我們認為這些是「近代社會」不可缺乏的要件。在此姑且不論是否人們會意識到這些。

但是，被認為是其原型的西歐諸國及其社會，在歷史上是何時，以何種理由或過程變成如此的？那並不清楚。而且，西歐為甚麼會追求通商與財富，踴躍地向外而去？基督教傳教的這個精神、宗教上的理由說明，本來就太過單一了。

華勒斯坦（Wallerstein）在有關宏觀論說成形的這個重要時期，是以歐洲為中心來思考的，亦即十四—十五世紀是大混亂與危機的時代。但是，當時出問題的並非世界，只是歐洲的危機。歐洲從這個危機編織出國家和資本主義作為社會中心的體系而脫離危機。一般認為那就是這五百年間席捲地球的「近代體系」。書寫真的是可怖的。他不瞭解蒙古。並且，對有關那「混亂與危機」不只存在於歐洲一事也不瞭解。

國家在其和緩的主導下，擁有組織力主動掌控物流，自身也憑藉通商利潤而存立的這個模式，在世界史上忽必烈國家恐怕是第一個。吾人不敢斷言說西歐近代的模式，以及包括現在日本國在內，以經濟與通商為立國根本的各國模式，其重要的根源都在蒙古時代。那是無法篤定的。至少現在還不能確定。所謂的歷史就是這樣。只是，從十三世紀後半到十四世紀，忽必烈所率領的超廣域國家蒙古以橫跨東西的規模，以這樣的方式來實行一事，的確存在。這樣的國家與時代以世界規模存在，是確實有的。

至少其「開端」在這個時候，就能夠看到可以說是以世界規模展開的經濟樣貌、事物。或者是有關於商業近似於「意識革命」的事物，其實是在蒙古時代以歐亞規模，一度發生了也說不定。只是，令人遺憾的是，我們現在還無法證實它。一直以來，我們為了要確證它的準備未免是太過單薄了。然後，使之可能的史料質量也不知是否真的已經備齊。雖說如此，至少可以說若將目光從蒙古時代，特別是其後半歐亞世界的和緩統合化現象別開，應該就無法談論「世界史」中的「世界的世界化」。當我們想像有相當程度整合的「世界史」時，那不是以歐洲規模來一舉達到的。不管怎麼說，都應該以歐亞規模的統整至少在蒙古時代就已出現為前提，在其經驗延長上存在著歐洲的「世界發展」，那才自然。（當然，在現今的南北美洲大陸及撒哈拉沙漠以南的非洲等等，當時歐洲人只是乘虛而入的這一點也不應該忘記。）

要言之，歐亞到了蒙古時代有大大的改變。蒙古時代之後，歐亞幾乎所有的地區，都變身成為在過去屬於不可能的樣態。但是，蒙古時代本身除去歐洲中「馬可・孛羅」《百萬之書》的流行（那導致哥倫布的西方航海）等等以外，幾乎都遭到遺忘。在現實運轉的體系中，蒙古時代的記憶雖然仍有餘留，但在每一個人的意識中，只單純成為過去的插曲。

我們倒不如說隨著時勢變遷，在將自己視作「文明人」的人們看來，蒙古是累積了不少「負面觀感」。當然，忽必烈國家的前瞻性，其國家、經濟、社會的體系是如何？那又給後來的時代帶來多大影響？也被忘卻。

但是，在現在的這個時間點上要再一次重新檢視今日世界與歐亞歷史時，蒙古時代及忽必烈國家所持有的意義，就大大地浮現出來。現在正該是回顧的時刻。

# 後記

歷史上有許多頗難證明的事物。這不是因為虛構所致，正因為那是真正發生過的事物，所以才反而很難證明。

微小的事物、老套的模式，或者只在某些時候才稍有不同的事物。這些都是容易證明的。然而，只要時間或空間的規模很大，就很難證明。因為那難以透過一個人的手來從事。

那對當時人們來講太大而不易察覺的情況不多。當然，由這些人們記述的文獻或著作中，以近於全體樣貌來書寫的很稀少。因此，要靠這些記錄或遺物的「史料」，研究過去發生事物的後世人們而言，要看到實際面貌或尺寸是非常難的。

然而，只要仔細比較之前與之後所發生的事物，即時代前後的話，就會發現有明顯的不同。那到底是甚麼？疑問形成漩渦湧上來。於是，當我們看到極為微小事象的一端，那漩渦就愈來愈大。一個解決引發更多的謎題。

蒙古和蒙古時代，以及那為世界與人類進程所帶來的變化，情況不也是這樣嗎？

作為近代學術的歷史研究在歐洲開始已經將近一百五十年。其間，以領導了亞洲歷史研究的俄國學者巴托爾德（Vasily Bartold）、法國學者伯希和（Paul Pelliot）為首的，被稱為「巨匠」的歷史學者們，致力於蒙古帝國與其時代的歷史研究。其深厚與傳統是出類拔萃的。不過，所獲得的仍然極少。

蒙古時代的研究還在「少年時代」。許多部分仍漂在夢裡頭。滿懷氣魄的研究者跨越年齡、世代、國境，埋首龐大的多語言文獻堆中。若是可能，希望我也是其中的一個。

有關此一領域，日本的研究成果與貢獻在世界上一直是一流的。近年還要迎向新的一波浪潮。不只是漢文文獻這一個日本東洋史學的「優點」，還出現要邁向更廣泛多樣的原典史料大海的動向。視野正豁然開朗。作為研究者，有幸生逢這一浪潮的我是很幸運的。

很久以前我就受到邀約，問說要不要寫一點關於忽必烈與其國家的甚麼？那時我曾盡微薄之力參與編輯的NHK特別節目「大蒙古」（大モンゴル）意外受到好評，另一方面也感覺到在我腦海中部分只是假設的知識，透過影像逐漸「常識化」的恐怖。大約在同一時期發行的拙著《大蒙古世界》（大モンゴルの世界／角川選書）也是如此。在後半段有關忽必烈國家的部分，我從友人、知己等諸多人士得到寫得太過草率而不滿足的意見。那時令我感到很慚愧。因此，對於撰稿的邀約感到很感激。

但是，我和一般人一樣總拿「很忙」等等不成藉口的藉口當理由，一直磨磨蹭蹭沒有開始。然而，在作這忙之間，真的就是會陸陸續續發生許多該作的事。我還曾有過今年真的是犯太歲嗎？這種不合自己身分的想法。就算是好不容易潦草寫完，還是給大家添了不少麻煩。途中赴美也是其中一件。

在此，謹對朝日報社，更重要的是要對川橋啟一、宇佐美貴子兩位表示由衷感謝。這本小書可以勉強成形，皆拜兩位協助所賜。能夠遇到優秀的編輯，是寫文章的人的「運氣」。就這層意義來講，太歲年應該是沒有關係的。

對於下列人士也同樣添了麻煩。處於同樣研究領域的松川節氏、堤一昭氏兩位在校正階段幫我很多忙。因為我會對沒有確認原始典籍就靠記憶來書寫的部分感到不安。用國際電話和他們交談非常開心。日本與美國真的變得好近。雖說如此，在國外時常深刻感覺到的，是在研究室面對堆積如山的相關基礎文獻，從一頭埋首讀到另一頭的這種日常幸福，以及自己是需要埋首彼處才有辦法動腦發揮功能的。對於百忙之中撥冗親切解疑的兩位，在此由衷致上感謝。

雖然在最後才提及，但我非常感激我國引以為傲的研究界大前輩——本田實信老師（京都大學名譽教授）慨允讓我在這本小書上使用收錄在深具歷史意義的著作《蒙古時代史研究》（モンゴル時代史研究／東京大學出版會）中的地圖。本田老師是日本伊朗．伊斯蘭史研究的開拓者，也是前所提及「新一波浪潮」的引導者。在此，連同平常所給予的諸多教誨，一併表示由衷感謝。

# 學術文庫版後記

本書的基礎《忽必烈的挑戰－蒙古邁向海上帝國之路》（クビライの挑戦―モンゴル海上帝国への道／朝日選書，一九九五年）大部分是在美停留一年期間寫的。當時似乎沒能帶上甚麼重要資料，大多是靠記憶來寫的。不過，說到要帶一套必要的文獻過去，那麼蒙古時代史的情況用極端的說法來說，是需要一間研究室的書籍量。坦白說來，雖然不好意思，但哈佛大學似乎沒有我不可否缺的原典資料。但是，這樣說不定反而比較容易寫。這一年就結果來講出版了好幾本書。說不定在海外，反而可以輕鬆寫作——。我當時的確正這麼想的。

然後，自那時起已經過了十六年。現在，蒙古時代史已經作為世界史上數一數二的研究題目在國內外扎根。本田實信老師在一九九九年逝世，但他首倡的「the Monggol Period」想法，作為日本向世界發信這個在事實上最早的歷史概念，目前在世界各國的相關研究者間已經相當普遍。有志於此一領域的人，在環顧歐亞乃至於歐亞非東西方的形式，與多語言史料作格鬥已經是理所當然。

甚至，有關蒙古時代以後的歐亞，在「後．蒙古時代」的發想下，全盤把握十五世紀以後歷史的研究動向也很顯著。從蘇聯的崩潰開始，中國的擡頭、世界全球化等具象徵性的變化也發揮作用，在構想地球世界史時，有關成為「蒙古帝國與其後」一直持續至今的一個關鍵的「大轉向時代」的認識，也早就屹立不搖。

在重新閱讀此書之際，總覺得只是在談些十分質樸的事物，但這也是照我當時直率想法來寫下的，而且大致上也沒有太大的錯誤。

這回能夠被收錄在講談社學術文庫中，我備感光榮。藉由這個機會，我期盼將來可以進一步努力。最後，我要向講談社學術圖書第一出版部的梶槙一郎先生表達我由衷謝意。

二〇一〇年六月

杉山正明

廣場 全球紀行09

# 忽必烈的挑戰

## 蒙古與世界史的大轉向

作　　者　杉山正明
譯　　者　周俊宇
美術設計　達人整合設計 (nakayama@dasein.com.tw)
責任編輯　葉新亭
內文排版　普林特斯資訊股份有限公司

社　　長　郭重興
發行人暨　曾大福
出版總監
出　　版　廣場出版
發　　行　遠足文化出版事業有限公司
　　　　　231新北市新店區民權路108-3號6樓
電　　話　(02) 2218-1417
傳　　真　(02) 8667-1851
客服專線　0800-221-029
E-Mail　service@sinobooks.com.tw
官方網站　http://www.bookrep.com.tw/newsino/index.asp
法律顧問　華洋國際專利商標事務所　蘇文生律師
印　　刷　成陽印刷股份有限公司
初　　版　二〇一二年九月
定　　價　300元


忽必烈的挑戰:蒙古與世界史的大轉向/
杉山正明(SUGIYAMA MASAAKI)著;周俊宇譯.
-- 初版. -- 新北市:廣場出版:遠足文化發行, 2012.09
面 ; 15X21公分. -- (全球紀行;09)
譯自:クビライの挑戦　モンゴルによる世界史の大転回
ISBN978-986-87829-9-0(平裝)

1.忽必烈 2.元世祖 3.蒙古帝國
625.734